全国教育科学规划2014年度教育部重点课题《中外合作办学的研究》（DIA140293）成果

U0582910

中外合作办学质量保障研究

生态学的视角

刘剑群　郭丽君◎著

RESEARCH ON QUALITY ASSURANCE OF CHINESE-FOREIGN COOPERATION IN RUNNING SCHOOLS:
ECOLOGICAL PERSPECTIVE

经济管理出版社

ECONOMY & MANAGEMENT PUBLISHING HOUSE

图书在版编目（CIP）数据

中外合作办学质量保障研究：生态学的视角/刘剑群，郭丽君著 . —北京：经济管理出版社，2022.7

ISBN 978-7-5096-8605-8

Ⅰ.①中… Ⅱ.①刘… ②郭… Ⅲ.①国际合作—联合办学—研究—中国 Ⅳ.①G522.7

中国版本图书馆 CIP 数据核字（2022）第 128883 号

组稿编辑：郭丽娟
责任编辑：杨国强
责任印制：黄章平
责任校对：蔡晓臻

出版发行：经济管理出版社
　　　　　（北京市海淀区北蜂窝 8 号中雅大厦 A 座 11 层　100038）
网　　　址：www.E-mp.com.cn
电　　　话：（010）51915602
印　　　刷：唐山玺诚印务有限公司
经　　　销：新华书店
开　　　本：720mm×1000mm/16
印　　　张：11.5
字　　　数：208 千字
版　　　次：2022 年 10 月第 1 版　　2022 年 10 月第 1 次印刷
书　　　号：ISBN 978-7-5096-8605-8
定　　　价：88.00 元

序

  中外合作办学作为跨国高等教育在中国的主要表现形式，是我国高等教育对外开放的必然产物，其与公办、民办高校一起，被称为中国高等教育的"三驾马车"。质量是教育的生命线，随着中外合作办学规模效益与社会影响力的日益扩大，质量问题越来越引起包括来自学生、家长、社会、教育行政部门、办学机构本身等各方面的广泛关注。当前，中外合作办学已进入"提质增效、服务大局、增强能力"阶段，加强中外合作办学质量保障建设是推动中外合作办学可持续发展的关键所在。

  我国自 20 世纪 90 年代初以来，逐步建立并形成了较为系统的中外合作办学质量保障与监管体系，尤其是近 10 年以来，我国中外合作办学规模不断扩大，质量和效益进一步提升以及体制机制不断创新，许多中外合作办学院校不断努力构建和完善中外合作办学质量保障体系，并取得了一定的进展，培养了大量国际化人才。但由于我国中外合作办学起步较晚，中外合作办学在学科专业设置、教学模式、师资队伍建设、质量评估管理等保障方面还存在一些问题，这些问题直接反映出我国在中外合作办学质量保障体系建设上的缺失。如何制定既符合国际规范又适应我国国情的有效质量保障体系，确保中外合作办学正确的办学方向，规范中外合作办学的运作和管理，真正引进优质教育资源，提高中外合作办学的质量，保障学生的利益，显得尤为重要和紧迫。鉴于此，我们应该直面中外合作办学质量保障过程中存在的问题，客观、全面地分析，并给予科学地解决，这也就成为本书研究的出发点。

  将生态学的理论和方法引入中外合作办学质量保障研究领域，将中外合作办学质量保障生态系统作为研究对象，以中外合作办学质量的持续改进与提升为旨归，既是中外合作办学质量管理理念的拓展，也是研究视角、研究方法的创新。

本书尝试从生态学的视角，运用生态学的理论和方法，在厘清生态学基本原理和规律的基础上指出，中外合作办学质量保障系统中的质量保障管理主体、质量保障承担主体和质量保障监督主体，与中外合作办学生态环境间形成了一个相互影响、彼此依存的统一整体，具有明显的生态性。同时，研究了中外合作办学质量保障生态系统的主体、环境、结构和功能，认为当前中外合作办学质量保障系统存在着主体生态结构失衡、主体生态链条断裂、主体生态区位"畸变"；分析了政治环境、文化环境、资源环境等相对脆弱等生态问题；探讨了中外合作办学质量保障生态系统的基本结构和治理结构，指出中外合作办学质量保障生态系统除具备自然生态系统的能量流动、物质循环、信息传递的三大基本功能之外，还具有诊断功能、监督功能、调控功能等特殊功能。最后，从中外合作办学质量保障系统的内部要素与环境之间的相互关系出发，提出要实现中外合作办学质量保障系统的平衡，除进行系统的自我调控外，还需要通过市场调控和政府宏观调控等人工调控手段，构建制度规范机制、质量监管闭环机制、整合协作机制等生态化的机制。

本书在撰写过程中查阅了大量的文献资料和网络资料，也咨询了诸多相关学科的专家，但由于时间仓促及自身认识水平有限，书中存在着不妥和错谬之处，恳请读者批评指正。

目　录

第一章 绪论

第一节 生态学的发展

一、生态学的内涵

生态学是研究生物与环境相互关系的科学，这里的生物包括植物、动物、微生物等不同的生物类群，而环境是指生物的环境，是生物的个体、群体或群落及生态系统所在的具体地段的生存环境，简称"生境"。环境可以是非生命的环境，也可以是生物环境，非生命的环境是指地域空间内所有的自然要素，如地质地貌、岩石土壤、大气水体以及这些物质要素表现出来的物理、化学性状。这类环境既包括未受或很少受人类活动影响的原生环境，又包括不同程度人工化的次生环境。生物环境是指相对于主体生物的环境生物，如城市生态系统的主体是人，而栽培或野生植物以及豢养或野生动物都是居民的环境。生物与环境之间、主体生物与环境生物之间的相互作用关系是生态学研究的重点。这种相互作用关系是靠物质、能量和信息的传输与转换维持的。

1865 年，勒特将两个希腊字 logos（研究）和 oikos（房屋、住所）合并构成 Oikologie，即生态学（Ecology）。从字面意思上讲，生态学是研究生物"住所"的科学。不同的学者对生态学的定义不同，德国动物学家 Haeckel（1866）将生态学定义为"研究动物与有机及无机环境相互关系的科学"；英国生态学家 Elton（1927）将生态学定义为"科学的自然历史"；澳大利亚生态学家 An-drewartha

（1954）认为，生态学是研究有机体的分布和多度的科学，并强调了种群动态研究的重要性；20世纪20年代，奥地利生物学家、心理学家贝塔朗菲在批判生物学中流行的机械论和活力论中创立了机体论，强调"系统"是中心的概念，从而提供了一种新的系统思维方式，把生物与环境的关系归纳为物质流动及能量交换，在生态学定义中增加了生态系统的观点；美国生态学家Odum（1969，1983）认为，生态学是研究生态系统结构和功能的科学；我国生态学家马世骏认为，生态学是研究生命系统和环境系统之间相互关系的科学。

随着生态学的发展，其内涵和外延都发生了变化，其定义不能局限于传统的含义。本书结合生态学最新的发展动向，归纳各种观点，将生态学定义为：生态学是研究生物生存条件、生物及其群体与环境相互作用的过程与规律的科学，其目的是指导人与自然的和谐共处。

生态学研究的主体对象是生命系统各组织级别的有机体。生命系统主要由生命物质组成，不断经历着生殖、发育、成长、衰亡的生命过程。生存条件的差异常使生命成分与特定的空间相联系，分布上呈现出明显的地域性。由于生命系统各组织级别既有独立性又有连续性，其结构和功能比一般系统更为复杂。生命系统有8个组织级别：基因、细胞、器官、有机个体、种群、群落、生态系统和生物圈。显然，有机个体以后的4个级别属生态学研究，这是生态学与生物学的重要区别。

生态学在促进科学进步、环境保护、全球可持续发展方面有不容忽视的重要作用，由于其研究对象的复杂性和时空尺度的宽广性，形成了一系列特殊的研究原则，如整体观、综合观、系统观、层次观、进化观等，引发了科学观念和研究方法的变革。生态学还与其他科学，如遗传学、生理学、行为学、进化论等生物学科，农学、林学、地学、海洋学等自然科学，甚至与经济学、社会学、伦理学、哲学、美学等社会科学发生密切关系，许多生态学概念和理论被其他学科所运用。可以说，很少有像生态学这样，不仅在与人类生存的时空尺度上，而且在自然、科技、经济、社会等领域，还在伦理道德、价值观念、思维方式等方面，都有如此密切的关系。从1972年瑞典斯德哥尔摩联合国人类环境会议，到1987年"可持续发展战略"的提出，再到1992年巴西里约热内卢联合国环境与发展大会，以及2002年南非约翰内斯堡可持续发展世界首脑会议，全世界都在讨论与人类生存环境和社会发展有关的重大战略性课题，生态学和生态科学工作者在其中发挥了核心作用。"生态学"这个特殊的研究领域，突然以一种即使在已被打上科学印记的时代也是极不寻常的方式应邀登场，扮演一个核心的、理智的角色。

二、生态学的发展

生态学产生后，很快分化为植物生态学、动物生态学和人类生态学等分支学科，其发展史大致概括为三个阶段：生态学萌芽期、生态学的建立和成长期和现代生态学发展期。生态学发展史证明它是密切结合人类实践，是在实践活动基础上发展起来的。

（一）生态学萌芽期

生态学发展历史的源头，可以追溯到远古时代。为了维持生存，人类祖先很早就知道居洞穴以避风雨，燃篝火以驱猛兽，常迁徙以择水草。在长期的渔猎生活中，他们逐渐熟知了有用与有害生物的特性和活动规律，并注意到了人或其他生物与环境有密切的关系。这些零星的生态学感性认识，是在人类生存斗争的艰苦过程中逐渐积累起来的，有时不得不为此付出巨大的代价。

公元前 2 世纪到公元 16 世纪，是生态学思想的萌芽时期。关于生态学的知识，最原始的人类在进行渔猎生活中，积累着生物的习性和与生态特征有关的生态学知识，只不过没有形成系统的、成文的科学而已。直到现在，劳动人民在生产实践中获得的动植物生活习性知识，依然是生态学知识的重要来源。作为有文字记载的生态学思想萌芽，在我国和希腊古代著作及歌谣中都有反映。我国的《诗经》中记载着一些动物之间的相互作用，如"维鹊有巢，维鸠居之"，说的是鸠巢的寄生现象。《尔雅》中有草、木两章，记载了 176 种木本植物、50 多种草本植物的形态和生态环境；公元前 200 年《管子·地员》是根据土地与植物的关系论述植物生态对农业生产影响的一篇古典科学著作；公元前 100 年前后，我国确立了二十四节气，描述生物与气候的关系。古希腊的安比杜列斯注意到植物营养与环境的关系，而亚里士多德及其学生都描述了动植物的不同生态类型，如分水栖和陆栖，肉食、食草、杂食等，气候和地理环境与植物生长的关系等；泰奥弗拉斯托斯根据植物与环境关系区分树木类型，并注意到动物对环境的适应。

（二）生态学的建立和成长期

公元 16 世纪到 20 世纪 50 年代是生态学的建立和成长期。曾被推举为第一个现代化学家的波义耳在 1670 年进行了低气压对动物的效应试验，标志着动物生理生态学的开端。1735 年，法国昆虫学家德·列奥弥尔在其昆虫学著作中，记述了许多昆虫生态学资料，他也是研究积温与昆虫发育的先驱。1855 年，德坎多尔将积温引入植物生态学，为现代积温理论打下了基础。1807 年，德国植物学家洪保德在《植物地理学知识》一书中，提出植物群落、群落外貌等概念，并结合气候和地理因子描述了物种的分布规律。1869 年，赫克尔首次提出生态学的定义。1895 年，丹麦哥本哈根大学瓦明的《植物分布学》（1909 年经作者本人改写，易名为《植物生态学》）和 1898 年德国波恩大学申佩尔的《植物地理学》两部划时代著作，全面总结了 19 世纪末以前植物生态学的研究成就，标志着植物生态学已作为一门生物科学的独立分支而诞生。

在动物生态学领域，亚当斯（1913）的《动物生态学的研究指南》，埃尔顿（1927）的《动物生态学》，谢尔福德的《实验室和野外生态学》（1929）和《生物生态学》（1939），查普曼（1931）的以昆虫为重点的《动物生态学》，Bodenheimer（1938）的《动物生态学问题》等教科书和专著，为动物生态学的建立和发展并成为独立的生物学分支做出了重要贡献。我国费鸿年（1937）的《动物生态学纲要》也在此时期出版，是我国第一部动物生态学著作。Allee、Emer-son 等合写的内容极为广泛的《动物生态学原理》于 1949 年出版时，动物生态学被认为进入成熟期。由此可见，植物生态学的成熟比动物生态学要早半个世纪，并且自 19 世纪初到中叶，植物生态学和动物生态学是平行和相对独立发展的时期。植物生态学以植物群落学研究为主流，动物生态学以种群生态学为主流。

（三）现代生态学发展期

20 世纪 50 年代以来，生态学吸收了数学、物理、化学、工程技术科学的研究成果，由定性分析向精确定量方向转移。数理化方法、精密灵敏的仪器和电子计算机的应用，使生态学工作者有可能更广泛、深入地探索生物与环境之间的相互作用，对复杂的生态现象进行定量分析；整体概念的发展，产生出系统生态学等若干新分支。由于世界上的生态系统大都受人类活动的影响，社会经济生产系统与自然生态系统相互交织，实际上形成了庞大的复合系统。随着社会经济和现代工业化的高度发展，自然资源、人口、粮食和环境等一系列影响社会生产和生活的问题日益突出。为了寻找解决这些问题的科学依据和有效措施，国际生物科学联合会（IUBS）制订了"国际生物学计划"（IBP），对陆地和水域生物群系进行生态学研究。1972 年，联合国教科文组织等继 IBP 后，设立了人与生物圈（MAB）国际组织，制订了"人与生物圈计划"，组织各参加国开展森林、草原、海洋、湖泊等生态系统与人类活动的关系研究，以及农业、城市、污染等有关的科学研究，从而促使生态学向宏观方向快速发展。

正像许多自然科学一样，生态学的发展经历了由定性向定量，由静态描述向动态分析，逐渐向多层次的综合研究方向发展，且与其他某些学科的交叉研究日益显著。从人类活动对环境的影响来看，生态学正成为自然科学与社会科学的交汇点。在方法学方面，研究环境因素的作用机制离不开生理学方法，离不开物理学和化学技术，而且群体调查和系统分析更离不开数学的方法及技术。在理论方面，生态系统的代谢和自稳态等概念基本引自生理学。从物质流、能量流和信息流的角度来研究生物与环境的相互作用可以说是由物理学、化学、生理学、生态学和社会经济学等共同发展出的研究体系。20世纪60年代以来，人类的经济和科学技术获得了史无前例的飞速发展，既给人类带来了进步和幸福，也带来了环境、人口、资源和全球变化等关系到人类自身生存的重大问题。在解决这些重大社会问题的过程中，生态学与其他学科相互渗透、相互促进，并获得了重大的发展。

第二节 生态学方法及其跨学科应用

一、生态学方法

方法是实现人们认识和思维目的性的重要工具，也是人的一种思维活动。生态学从研究生物与环境之间的关系，发展到研究人与自然、人与社会之间的关系，直至上升为研究世界上一切事物与事物之间的关系，生态学研究内容不断拓展，研究方法也随之不断完善，形成了独特的思维方式和科学的方法论。

生态学方法是通过生态学思维认识、感受、理解以及分析生态现象的过程，也是人与生态世界交往互动的共生过程中，努力寻求自己的生态性存在与融入，促进生态世界的和谐运行，生态规律的正常演替，并且不断生成人与自然共生及和谐性结构关系的方法。

"所谓生态学方法，是用生态观点研究现实事物，观察现实世界；又称生态学思维，用生态观点思考问题。"那么所谓"生态观点"，"主要是生态系统各种要素相互联系和相互作用的整体观点，生态系统物质不断循环和转化的观点，生态系统物质输入和输出平衡的观点，说明与生命有关的现象及其发展变化，提示各种的相互关系和规律性，认识和解决与生命有关的问题"①。生态学方法论"就是用生态学观点说明与生命有关的现象及其发展变化，揭示各种现象的相互关系和规律性，认识和解决与生命现象有关的问题。它的特点是：全面地和辩证地把握所研究的对象、对象的整体性，用相互联系、相互作用的系统化和网络化的观点，从线性因果关系分析过渡到网络因果关系分析，注重概率统计方法和数学模型方法的应用；它既表示对人的目的、人的作用和人的未来的关切，又表示对地球生态系统、生命多样性的自然环境健全的关切"②。生态学方法是辩证思维的一种新的发展，它从整体的、系统的、普遍联系的观点关照生态系统中的每个生态因子，揭示它们之间相互联系的内在根据以及它们相互转化的条件和规律，强调事物的整体性、系统性和层次性。

（一）整体关联性的生态学方法

生态学方法必然具备系统整体关联性思维特征。它强调将整个世界看成一个不可分割的有机整体，整体内部是由丰富多元的若干组成成分和层次组成。这些组分和要素之间并非孤立并存，它们在相互联系、相互制约中互补与协调，呈现出非线性的关系网络，彼此关联、随机涨落、牵一发而动全身。这种内在关联性是生态系统中万事万物的生命秩序。每一组分和层次的变化，都会影响到其他组分和层次的变化，从而影响到整体结构、功能与运演规律，而这些整体上的变化又反过来影响每一组分和层次的变化。整体有其整体性特征，而每个部分和层次又有各自不同的特性。每一高级层次都有其特有的某些整体特性。整体功能的实现不是各个构成要素的简单叠加，具有诸多部分或者部分之和所达不到的综合性功效。在此意义上，部分的性质是由整体的性质决定，部分只有在与其他部分相互关联并构成整体中才能获得其意义。

（二）系统交互性的生态学方法

生物的不同层次，既是一个整体，也是一个系统，均可采用系统观进行研究。用系统分析的方法区分出系统的各要素，研究它们的动态变化，同时综合各组分的行为，探讨系统的整体表现。系统研究还必须探讨各组分间的作用和反馈的调控，以指导实际系统的科学管理。同时，生态观强调运用联系的观点和方

---

① 余谋昌. 生态哲学 [M]. 西安：陕西人民教育出版社，2000：61-62.
② 傅华. 生态伦理学探究 [M]. 北京：华夏出版社，2002：336.

法，系统地考察人、自然和社会之间的相互关系。认为在整个生态系统中，人、自然、社会三者之间相互依存、和谐共生，必须以依存、共生、和谐的思维来关注生态问题。生态学思维是一种交互开放性思维。与机械论思维将世界及其组成部分看成一个封闭的实体不同，生态学思维认为一切有机生命体都是与其环境交互开放的，封闭只能导致沉沦与死亡。因为一个相对独立的有机生命体的生存与发展，需要与外界环境交互关联，在实现相互之间物质、信息、能量传递与转换的过程中不断生成新的要素。这些新的要素为生命系统的新陈代谢提供了动力来源，促使生命系统在与外界环境的交互开放中逐渐趋向于熵减，即从无序走向有序的动态演化过程。[①]

（三）动态生成性的生态学方法

生态学思维是一种动态生成性思维。动态生成性揭示了有机体的生命特征，它承认万事万物的具体多样性和自我生长，尊重各种不同生态系统和生态因子的自我生长的规律和生命秩序。生态观坚持"运动变化是一切事物的根本属性"的观点，强调动态的发展变化是绝对的，生态系统正是在平衡不断被打破、不断寻求新的平衡状态的过程中实现着动态的、前进的发展过程，认为绝对静止的生命形式是不存在的，一切生命有机体时时刻刻都处于不停变化中。在时空流变的过程中，任何有机体"成长"都不是一次就能够完成的，而是不断地出现矛盾又必须解决矛盾的过程，这些矛盾与挑战为促使其激发内在创造性、寻求生命跨越提供了契机。有机体的理性选择应是勇敢面对并合理利用成长过程中的矛盾和挑战，在较长的时期内由小变大、由弱变强，才能在矛盾和挑战中走向持续生成与动态演化。

二、跨学科应用

生态学是研究一切生物的生存状态，探讨生态系统下生物之间和生物与环境之间环环相扣的关系，强调联系和发展。随着人类社会及生态学的发展，生态学形成了独特的方法论，在此基础上构建起博大精深的学科体系，成为自然科学和社会科学的桥梁。

（一）人类生态学

人类生态学（Human Ecology）是指研究不同文化背景下，人类与环境之间

---

① 岳伟，徐洁. 以生态学思维引领教育综合改革［J］. 中国教育学刊，2014（12）：11-15.

各种关系的一门学科。尽管在各国传统文化中，都有许多朴素的人类生态学思想，但严格学科意义上的人类生态学源于 1900 年前后英国 Patrick Geddes 的学术观点，以及 20 世纪 20 年代美国芝加哥学派的 R. E. Park、G. W. Burgess 和 R. D. McKenzie 的学术思想。

人类生态学作为生态学的一个分支，最先由美国社会学家帕克在其著名论文《城市：对于开展城市环境中人类行为研究的几点意见》中提出，即人类生态学是研究人和社会机构的结构秩序及其形成机制的科学，是研究人类在其环境的选择力、分配力和调节力影响下所形成的在空间和时间上联系的科学。麦肯齐（1924）对人类生态学给出了一个较为正式的定义，他认为"人类生态学是研究人类在其对环境的选择力、分配力和调节力的影响下所形成的在空间和时间上的联系科学"。1972 年，联合国"人类环境会议"在斯德哥尔摩召开，会议通过了《联合国人类环境会议宣言》，达成了"只有一个地球"的共识，改变了人类对环境传统的认知观念，标志着解决人类生态问题被纳入全世界的一致行动中。

1982 年，联合国环境规划署在肯尼亚首都内罗毕召开了特别会议，发表了《内罗毕宣言》。《内罗毕宣言》对全球环境现状表示关注，指出人类无节制的活动正在加速环境的恶化，需要全世界、各地区与各国为保护和改善环境而努力，这使人类生态学进一步得到了世界科学界和社会各界的高度重视，推动了学科发展。

1985 年，世界上成立了国际人类生态学会。标志着人类生态学已经具备了学科优势，成为生态学研究的重要方向，将成为一个自主和独立的学科。20 世纪 90 年代以后，国际生态学界认为，生态学正在从传统的生物生态学向人类可持续发展生态学的方向发展，生态学的研究重点将会转移到生态系统和人类关系的可持续能力建设上。[①]

中国的人类生态研究起步较晚，20 世纪 80 年代以来，马世骏、曲仲湘、夏伟生、周纪纶等老一辈生态学家，对中国人类生态学研究做出了较大贡献。其中，马世骏提出"自然—社会—经济复合系统"的理论和"整体、协调、共生、循环"的学术思想[②]，为人类生态学的研究奠定了基础，把中国传统哲学思想融入现代人类生态中，推动了人类生态学在中国的发展。

---

① 马士骏. 中国生态学发展战略研究 ［M］. 北京：中国经济出版社，1991：402-404.
② 马士骏. 现代生态学透视 ［M］. 北京：科学出版社，1990：201-245.

云南大学的周鸿对人类生态学进行了系统专题研究，他也是我国人类生态学研究最早的学者之一，把人类生态理论与实践相结合，对中国的人类生态学做出了奠基性的贡献。她出版了《人类生态学》《生态学的归宿》等 14 部专著，发表多篇论文，并率先开设人类生态学课程，其中，《人类生态学》被同行认为是 21 世纪出版的第一本知识内容全面系统，具有特色和创新的人类生态学教材。

中国科学院生态环境研究中心的王如松依据"自然—社会—经济复合生态系统"的理论，把人作为城市复合生态系统的主体，研究其对生态和经济生态格局、功能和过程的影响，并创造性地把中国传统的人类生态哲学和现代生态学思想结合起来，认为人类生态要素包括人口、人力、人文、人心和人气 5 类，这些要素间以相生相克、相辅相成的关系构成了人类社会的基本生态关系。

此外，复旦大学的任文伟、郑师章等把经典生态学和人类面临的生态环境挑战进行了有机结合，提出了基于经典生态学基础的人类生态学框架[①]。台南大学的郑先祐从人类文明史的发展角度，研究了数千年文明兴衰过程，探讨了人类社会文明有何出路，并通过案例分析，研究文化变迁、可持续发展的原则，以及环境正义和治理的途径[②]。

（二）文化生态学

文化生态学（Cultural Ecology）是研究文化与环境相互关系的学科，是在人类学与生态学相互渗透、相互结合的基础上，于 20 世纪 50 年代中期形成和发展起来的一门新兴学科。文化生态学是从人类生存的整个自然环境和社会环境中各种因素交互作用的方面来研究文化产生、发展、变异规律的一种学说。[③]

文化生态学概念由美国新进化论学派人类学家朱利安·斯图尔德（Julian H. Steward）于 1955 年在其代表作《文化变迁论：多线进化方法论》中首次提出，这标志着文化生态学的诞生。斯图尔德将其定义为研究人与自然环境关系的学科，之后，R. 内廷、R. 拉帕波特、萨林斯、J. 贝内特、霍利等对斯图尔德的研究范围进行了拓展并取得一定的成果，文化生态学的研究范围扩大到了地域文化生态、唯物观文化生态、后现代文化生态等。

文化生态学理论强调文化与环境之间的相互作用，重点研究环境、生物有机

① 任文伟，郑师章. 人类生态学 [M]. 北京：中国环境科学出版社，2004.
② 郑先祐. 人类生态与社会文明 [M]. 台北：幼狮文化事业公司，1990.
③ 司马云杰. 文化社会学 [M]. 太原：山西教育出版社，2007.

体与文化要素之间的关系，而不像传统生态学那样仅研究自然环境与生物有机体之间的关系。研究范围包括三方面：技术或工具与环境之间的关系；技术与人的行为方式之间的关系；人的行为方式对文化其他方面的影响。

文化生态学的主要理论：①

文化生态学认为，人类是一定环境中总生命网的一部分，与物种群的生成体构成一个生物层的亚社会层，它通常被称作群落。在总生命网中引进文化的因素，在生物层上建立起一个文化层。两个层次之间交互作用、交互影响，它们之间存在一种共生关系。这种共生关系不仅影响人类一般的生存和发展，而且影响文化的产生和形成，并发展为不同的文化类型和文化模式。

文化生态学认为，文化不是经济活动的直接产物，它们之间存在着各种各样的复杂的变量。山脉、河流、海洋等自然条件的影响，不同民族的居住地、环境、先前的社会观念、现实生活中流行的新观念，以及社会、社区的特殊发展趋势，等等，都给文化的产生和发展提供了特殊的、独一无二的场合和情境。文化生态学主张从人、自然、社会、文化等各种变量的交互作用中研究文化产生、发展的规律，用以寻求不同民族文化发展的特殊形貌和模式。斯图尔德把文化生态学的研究方法看作是真正整合的方法，认为如果孤立地考虑人口、居住模式、亲属关系结构、土地占有形式及使用制度、技术等文化因素，就不能掌握它们之间的关系及其与环境的联系；只有把各种复杂因素联系在一起，进行整合研究，才能清楚环境诸因素在文化发展中的作用和地位，才能说明文化类型和文化模式如何受制于环境。

文化生态学除研究文化对自然环境的适应外，更主要的是研究影响文化发展的各种复杂变量间的关系，特别是科学技术、经济体制、社会组织及社会价值观念对人的影响。文化生态系统的结构模式：与自然环境最近、最直接的是科学技术，它与自然环境强相关；然后是经济体制和社会组织；最远的是价值观念，与自然环境的关系显示出弱相关，它通过经济体制、社会组织等中间变量来实现。反过来看，对人的社会化影响最直接的是价值观念，即风俗、道德、宗教、哲学、艺术等观念形态的文化，二者表现出强相关；然后是社会组织、经济体制及科学技术；最远的是自然环境，它对人类的影响主要通过科学技术、经济体制、社会组织等中间变量来实现。

---

① 中国大百科全书·社会学 [M]．北京：中国大百科全书出版社，2002：417-418.

20世纪80年代，文化生态呈跨学科、多国合作发展趋势，文化生态学成为一门独立的学科。目前，国内外学术界对文化生态问题的研究，主要有文化人类学（主要研究文化与环境的关系）和文化哲学（主要研究文化具体形态之间的关系）两个视角。由于有国外长时期的理论积淀，文化人类学视角下的文化生态研究成果相对较多，已经形成了文化生态学。

（三）教育生态学

美国劳伦斯·克雷明（Cremin，L. A，1976）在《公共教育》一书中正式提出"教育生态学"概念，拉开了教育生态学研究的序幕。上海交通大学的陈敏豪（1986）发表论文《生态边缘效应与现代高等教育——谈我国高等教育观念的变革》，这是我国（不包括港、澳、台地区）公开发表的第一篇教育生态学的论文，开启了我国（不包括港、澳、台地区）教育生态学研究的新篇章。

此后，中国学者相继出版了多部教育生态学著作，在教育生态理论与实践研究方面取得了一定的成果。1990年，吴鼎福、诸文蔚（1990）出版了第一部教育生态学专著《教育生态学》，作者借用生态学理论、概念、术语，并以环境问题研究者的视角关心、研究教育生态问题，生态学的色彩较浓厚。任凯和白燕（1992）的《教育生态学》，将教育生态学的研究对象界定为教育生态系统，表现出与吴鼎福等迥然不同的研究思路。范国睿（2000）的《教育生态学》，将文化、人口、资源、学校、环境与课堂等分别作为具体的系统，并力图从这几个方面考察环境对教育、学校和人的发展的影响。贺祖斌（2005）的《高等教育生态论》，运用生态学的原理和方法，在建构高等教育系统生态观的基础上，着重分析了高等教育系统的生态承载力、生态区域发展和生态环境等生态问题。

关于教育生态学的研究对象，主要有两种观点。一种观点是关系论，以吴鼎福、范国睿等为代表。关系论观点认为，教育生态学的研究对象是教育与生态环境的关系，主要是从生态环境及其生态因子对教育的影响入手，从教育生态的个体、群体、系统三个层次剖析教育的生态结构和生态功能，揭示教育的生态规律，同时关注教育对生态环境产生的反作用，强调"教育与环境之间相互作用"的生态关系。另一种观点是系统论，以任凯、白燕等为代表。系统论观点认为，教育生态学的研究对象是教育生态系统，主要是从系统科学理论出发，强调教育生态系统中的各个组分是相互影响、相互依存的关系，要把握事物之间的因果关系结构，不能割裂开来考虑其中的某一方面或某几方面，而应该从整体上进行综合分析，进行系统地思考。

吴鼎福等对教育生态学基本原理与规律的认识，得到了广泛的认同和应用。他们认为，教育生态学的基本原理揭示了教育的内部规律，如限制因子规律、耐度定律和最适度原则、"花盆效应"、教育生态位原理、教育生态链法则、教育节律、社会性群聚与阿里氏原则、群体动力和群体之间的相互关系、教育生态系统的整体效应、教育生态的边缘效应、"一潭活水效应"；而揭示教育与外部生态系统环境之间关系的则是教育生态规律，主要有迁移与潜移规律，富集与降衰规律，教育生态的平衡与失调，竞争机制与协同进化，教育生态的良性循环，它们也揭示了教育内部各个环节、各个层次之间本质的必然联系。任凯、白燕（1992）认为，生态学有两项最基本的原理：生态系统原理和生态平衡原理。这一提法得到了范国睿的响应和进一步发展，范国睿（2000）认为，胜汰原理、拓适原理、生克原理、反馈原理、乘补原理、瓶颈原理、循环原理、多样性和主导性原理、生态发展原理、机巧原理等，也是教育生态学应该遵循的基本原理。

目前，我国（不包括港、澳、台地区）的教育生态学研究呈现出四种主要路向：一是侧重于教育与生态环境的关系研究；二是倾向于教育生态系统研究；三是专题研究；四是走向实际应用的研究。这四种路向为教育生态学研究的深入开展奠定了良好的基础，为教育生态学学科的建立作了有益的探索。①

---

① 邓小泉等．教育生态学研究二十年［J］．教育理论与实践，2009（5）：15.

第二章　生态学的理论基础

生态学经过 100 多年的发展，已经形成了完善的理论体系和科学的方法论。生态学中的原理和方法广泛运用于社会、政治、经济、文化、教育等领域，用于人类社会各种事物的分析观察和研究，成为人们分析各种社会现象、解决各种社会问题的工具之一。

第一节　生态学基本理论

一、生态平衡理论

1949 年，美国环境思想学家威廉·福格特最早提出"生态平衡"这一名词，但他并未对其进行明确的内涵界定。其实，截至目前，学界尚无关于生态平衡的统一论述与界定，看法和分歧较多。

英国生态学家坦斯利（A. G. Tansley, 1935）认为："生态系统的各部分——生物与非生物、生物群落与环境，可以看作是处在相互作用中的因素，而在成熟的生态系统中，这些因素接近于平衡状态""……自然植被和半自然植被在不断的变化中，我们观察到一定程度的一致性，这类变化将达到'相对平衡'的地位，也称'顶级群落'。它相当于成熟的生态系统，但极少是真正稳定的。"我国科学家马世骏（1990）认为："生态系统在长期发展过程中，各因素或各成分之间建立了相互协调与补偿关系。使整个自然界保持一定限度的稳定状态。""在一定的时间和相对稳定的条件下，生态系统各部分的结构及功能均处于相互适应与协调的动态平衡之中，这就是通常我们所说的动态平衡。"生态学家曲仲湘（1997）认为："生态平衡指在一个生态系统中，生物种类组成、种群数量、食物链营养级结构彼此协调，组合正常，能量和物质的输入率和输出率基本相等，物质储存量相对恒定；信息传递畅通；环境质量由于生物群落影响而保持良好，使环境与生物群落高度相互适应，整个系统处于协调和统一状态"。

综合上述观点，可见生态平衡是生态系统的一种良好状态，是一种相对的、整体的动态平衡，是生态系统在一定时间和空间内结构与功能上的一种相对稳定状态。当生态系统处于这一状态时，系统内的生物之间、生物与环境之间相互高度适应，物种的种群结构和数量比例会在一段较长时间里保持相对稳定，生产者、消费者和分解者三者之间相互依赖、相互制约、相互协调，系统与外界的能量流动、物质循环之间也处于相对的稳定状态。在通常状态下，生态系统中任何一个物种都不会轻易地灭绝，具有较强的抗干扰能力。但这种抗干扰能力有限，如果外来干扰超过一定限度，则有可能使生态平衡遭到破坏。这种平衡被打破时，就会出现生态系统的失衡，甚至威胁人类的生存，这就是人们常说的"生态危机"。

生态系统中的生物与生物、生物与环境之间之所以能保持动态的相对平衡状态，是因为生态系统本身具有一种自我调节的能力，由此不仅维持了该系统在物质能量的输出与输入方面等量循环，而且其结构功能的整体状态也处于某种稳定。当外界干扰压力较小时，生态系统一般可以通过负反馈机制实现自我修复，有效调控该系统的平衡。但是，当外界干扰压力使生态系统产生的变化超出其生态阈限时，这种自我调节功能会失去作用，生态系统会对外表现出结构破坏、功能受阻，甚至整体崩溃。

生态系统之所以能够保持相对的平衡状态，主要是由于生态系统内部，可以经过发生物理、化学和生物等一系列变化而具有一定限度的自动调节能力。生态系统中的生物种类与成分越多，组成的食物链越复杂，系统的自我调节能力越强；同样，食物网络越复杂，能量物流的途径越多样，能量和营养物质的储备量越多，系统的自我调节能力也就越强。生态系统越趋于成熟，生物种类越多样化，整个系统的信息传递和调节能力越强，生态系统也就越稳定和平衡。在自然条件下，生态系统总是自动地向生物种类多样化、结构复杂化、功能完善化的方向发展。只要有足够的时间和相对稳定的环境条件，生态系统迟早会进入成熟的稳定阶段。

生态平衡是一个动态的概念，维持生态系统的平衡状态并不是简单维持初始状态，而是随着时间的推移，不断打破旧的平衡，实现新层次的平衡，达到更合理的生态结构。人类通过科学技术手段，可以作用于所有的生命及非生命环境系统。这些新技术、新工艺引起了生物圈能量和各种物质成分的改变，打破了生态系统原有的稳定与平衡，建立起符合人类生产和生活需要的人工生态系统，使生态系统有一个更合理的结构、更高效的功能，生态系统能够保持良性运作，时时处于良性循环状态，从而达到更高层次的生态平衡。

二、生态位理论

生态位理论广泛应用于生态学领域的研究中，是生态系统研究的重要基础理论。关于生态位，不同的学者存在不同的理解与认识。格林内尔（Grinnell）将生态位描述成"种群呈现主动适应以及生长的环境条件的集合"[1]。李永峰等（2012）认为，生态位又称生态龛，是指某一物种在相应的生物群落中所处时间和空间上的位置及与其他相关物种之间的关系[2]。朱春全（1997）认为，生态位是"生物单元在特定生态系统中与环境相互作用过程中所形成的相对地位与作用"[3]。奥杜姆（E. P. Odum）的定义："一个生物在群落和生态系统中的位置和状况，而这种位置和状况决定于该生物的形态适应、生理反应和特有的行为（包括本能行为和学习行为）。"[4]

根据上述观点，生态位可以界定为生物完成其正常生活周期所表现的对特定生态因子的综合适应位置。生态学中很多的重要理论都以生态位概念为主要理论基础。在生态位理论形成和发展的过程中，对生态位的定义大致分为三类：

（1）空间生态位。美国学者 J. Grinell（1917）最早在生态学中使用生态位表示划分环境的空间单位和一个物种在环境中的地位。他认为，生态位是一个物种所占有的微环境，并指出，没有两个物种能够在同一空间中长期占有同一生态

①　GrinnellJ. Field tests of Theories Concerning Distributional Control［J］. American Naturalist, 1917, 51（1）: 602.
②　李永峰等. 环境生态学［M］. 北京: 中国林业出版社, 2012: 88.
③　朱春全. 生态位态势理论与扩充假说［J］. 生态学报, 1997（3）.
④　尚玉昌，蔡晓明. 普通生态学［M］. 北京: 北京大学出版社, 1995: 283.

位。他强调的就是空间生态位。

（2）营养生态位。英国生态学家 C. Elton（1927）提出："一个动物的生态位表明它在生物环境中的地位及其与食物和天敌的关系"，也就是"物种在生物群落中的地位与功能作用"。他把生态位概念的重点放在能量关系上，强调物种与物种之间的营养关系，实际上指的是营养生态位。

（3）多维生态位。英国生态学家哈钦森（G. E. Hutchinson）从空间资源利用等方面考虑，提出 n 维生态位，认为在生态系统中，物种的适合度受许多生物和非生物因子的影响，是多维的，并把生态位区分为基础生态位和现实生态位。基础生态位指的是物种对所有必需生态因子适合度的超体积，实际生态位则指的是物种实际占领的生态位。

生态位理论包括对生态位的测定及物种的生态位关系等，常用的有生态位宽度和生态位重叠等。生态位宽度，又称生态位广度或生态位大小，指一个物种利用各种资源总和的幅度。生态位宽度是生物利用资源多样性的一个指标，物种的生态位宽度会随着环境中可利用资源量的改变而发生变化。当资源的可利用性减少时，物种的取食种类增多，容易造成生态位的泛化，生态位加宽，以增加物种对环境的适应能力；在资源较多的情况下，取食种类减少，容易造成生态位的特化，生态位变窄，通过强化某一特殊功能，可提高自身适应性。生态位加宽可利用的资源增多，但容易发生竞争；生态位变窄，可以减轻物种间的竞争，但因所依赖的资源有限，如果资源因故减少或突变，将危及物种的生存。

在生物群落中，两个或两个以上生态位相似的物种生活于同一空间时分享或竞争共同资源的现象，即多个物种取食相同食物的现象是生态位的重叠。生态位的重叠是一种普遍现象，生态位重叠的两个物种因竞争排斥原理而难以长期共存。当资源缺乏时，生态重叠部位存在着激烈的种间竞争，最终导致其中一个物种被逐出。生态位差距大的物种之间基本不存在竞争，处于同一生态位的物种，由于处于相同的层次，面临相同的问题，在一些关键时刻，物种相互之间的竞争会更加激烈。根据生态位理论，没有两种物种的生态位完全相同，生态位重叠物种之间竞争总会导致重叠程度降低，如彼此分别占领不同的空间位置和在不同空间部位觅食等。如果弱者进入强者的生态领域中，就会出现"大鱼吃小鱼，小鱼吃虾米"的状况。

三、生物多样性理论

生物多样性是指在一定范围内多种多样活的有机体（动物、植物、微生物）有规律地结合后所构成稳定的生态综合体。这种多样包括物种的多样性、遗传的多样性及生态系统的多样性。

其中，物种多样性包括两个方面：一方面是指一定区域内的物种丰富程度，可称为区域物种多样性；另一方面是指生态学方面物种分布的均匀程度，可称为生态多样性或群落物种多样性。遗传多样性就是生物遗传基因的多样性。任何一个物种或一个生物个体都保存着大量的遗传基因，一个物种所包含的基因越丰富，它对环境的适应能力就越强。生态系统多样性主要是指地球上生态系统内生物环境的差异以及各种生态过程的多样性，包括生物环境的多样性、生物群落和生态过程的多样化等多个方面。

不同层次的生物多样性相互联系、密不可分，上一级多样性由下一级生命实体的不同组合方式形成。遗传的多样性导致了物种的多样性，而物种不同形式的组合则决定了生物群落乃至生态系统的多样性。在所有层次的生物多样性中，物种多样性是最基本的，这不仅在于物种个体是承载各种生命现象的有机单位，而且在从微观到宏观的多样性带谱中，物种是承前启后的关键环节。①

生物多样性具有重要的价值，包括直接经济价值和间接经济价值，如遗传库维持、生态平衡、教育价值、科学研究及美学欣赏价值等。

生物多样性是地球生物圈稳定、有序、进化的基础。具有特定遗传特征的特定物种必须在特定的生态系统中存在，对于某生态系统而言，生态系统中的物种越多，食物链（网）的结构越复杂，系统中能量流动和物质循环的途径和层次越多，补偿功能和同化异化的代谢功能越健全，该生态系统的自我调节作用越强，即使受到损坏，其自我修复也较快，生态系统的稳定性、有序性也较强。同时，在生态系统中，物种的最大特性是其相互依存和相互制约，它们共同维系着生态系统的结构和功能。组成群落的生物种越多，生物群落结构越复杂，群落内部的生态位越多，群落内部各种生物之间的竞争相对不那么激烈，群落的结构相对稳定，生态系统越稳定。反之，生物物种一旦减少，生态系统的稳定性就会遭

---

① 袁建立. 生物多样性与生态系统功能：内涵与外延［J］. 兰州大学学报（自然科学版），2003（2）：86.

到破坏，人类的生存环境也会受到影响。因此，保护我们的生存环境、保护地球家园，就必须保护生物多样性。而保护生物的多样性，最有效的形式是保护生态系统的多样性。

四、协同进化理论

在生态学里，生物物种之间存在着竞争和共生两种关系。竞争指的是两种或两种以上生物相互争夺资源和空间等的一种行为活动。竞争分为种间竞争和种内竞争。种间竞争指的是发生在不同种群生物之间的竞争。在一个生态系统中，每个物种根据其在时间、空间上所占据的位置及其与相关种群之间的功能关系与作用，占据与之相对应的生态位；一旦不同物种之间出现生态位重合的现象，则可能导致种间竞争。种内竞争指的是发生在同一种群生物内部的竞争。当种群内个体对同一资源的需求非常相似时，会出现激烈的种内竞争。至于生物之间的共生关系，可以分为互利共生和偏利共生两种。互利共生指的是不同生物物种共同居住在一起，彼此依赖对方，这种生存方式对各方都有利；偏利共生则是一种纯粹的寄生关系，一个物种寄存在另一个物种的体内或体表，依靠摄取寄主的养分以维持自身的生活。无论是竞争，还是共生，从进化生态学的观点来看，其最终的结果都是生物物种的协同进化。

第二节　中外合作办学质量
保障系统的生态学阐释

一、生态系统

所谓系统，指的是在一定边界范围内，由两个或两个以上相互联系和相互作用的组分构成的、具有某种特定功能并朝着某个特定目标运动发展的有机整体。美国生物学家贝塔朗菲（L. von Bertalanffy，1901~1972）将系统定义为"处于一定的相互关系中并与环境发生关系的各组成部分（要素）的总体"。按照系统中是否有生物组分存在，可以将系统分为生命系统和机械系统两大类。生命系统由生物与环境两大部分构成，也就是我们所说的生态系统。1935 年，英国植物生态学家坦斯利（A. G. Tansley）最早提出生态系统的概念，"生态系统不仅包括有机复合体，而且包括形成环境的整个物理因子复合体。我们对生物体的基本看法是，必须从根本上认识到有机体不能与它们的环境分开，而是与它们的环境形成一个自然系统，这种系统是地球表面上自然界的基本单位"。这一概念提出之后，生态系统作为一种理论受到了学界的普遍赞赏。后来，美国生态学家奥德姆对生态系统进行了更完整的界定：生态系统是指生物群落与生存环境之间，以及生物群落内的生物之间密切联系、相互作用，通过物质交换、能量转化和信息传递，成为占据一定空间、具有一定结构、执行一定功能的动态平衡整体。简而言之，生态系统是在一定空间里，所有的生物（如动植物、微生物等）和非生物成分（如阳光、空气、水等）构成的一个相互作用的综合体。

生态系统包括生物组分和无机环境组分两大部分。其中，生物组分包括生产者、消费者、分解者三大功能类群；环境是指生态系统的物质和能量来源，包括生物活动的三种基质（大气、水、岩石土壤）以及参与生理代谢的各种环境要素，如光照、温度、水分、氧气、二氧化碳和矿质养分等。生态系统内生产者、消费者、分解者和无机环境之间存在着非常密切的关系，通过彼此之间的物质转化、能量流动和信息传递，实现生态系统的功能。

生态系统具有共同特性：生态系统是生态学上的主要结构和功能单位，属于生态学研究的最高层次；生态系统内部具有自我调节能力，其结构越复杂，物种数越多，自我调节能力越强；能量流动、物质循环是生态系统的两大功能；生态系统营养级的数目因生产者固定能值所限及能流过程中能量的损失，一般不超过5~6个；生态系统是一个动态系统，要经历一个从简单到复杂、从不成熟到成熟的发育过程。

二、中外合作办学质量保障生态系统的构成

中外合作办学质量保障系统是质量保障的管理主体、承担主体和监督主体，与中外合作办学生态环境之间形成的一个相互影响、彼此依存的统一整体，具有明显的生态性。生态学观点表明，在中外合作办学质量保障系统中，中外合作办学质量保障的管理主体、承担主体和监督主体，在中外合作办学生态环境中，为了实现中外合作办学的价值取向和价值选择，通过物质循环、能量流动和信息传递等交流活动形成了一个纵横交错、复杂统一、动态平衡的生态系统。中外合作办学的质量保障系统并不是单一主体可以独自实现的，需要对各质量保障生态主

体的保障角色和功能进行分类与整合，使它们明确职责、协同合作、协调共进，各因素在维护中外合作办学质量保障系统生态平衡的过程中发挥着重要作用，从而形成一定的生态结构，并协同表现中外合作办学质量保障生态系统的功能。只有质量保障系统内部各主体之间、质量保障主体和环境之间达到高度适应，协调契合进而形成整体合力，才能维持高职中外合作办学保障系统的生态平衡，推动中外合作办学质量的提升。

根据种群和群落的定义，中外合作办学质量保障生态系统中的种群可以分为质量管理主体种群、质量承担主体种群和质量监督主体种群三类；群落则是指中外合作办学质量保障生态系统中所有种群的集合。中外合作办学质量保障生态系统作为一个统一的整体，内部的生态主体与生态环境是互为依存、互为因果关系，主要表现为生态主体对生态环境的作用以及生态环境对生态主体的作用。根据中外合作办学质量保障生态系统中的物种、种群和群落构成，结合生态系统能量流动规律，可以构建出中外合作办学质量保障生态系统模型（见图2-1）。借助该模型，可以直观地看出质量保障生态主体与生态环境之间、生态主体种群之间的相互关系。

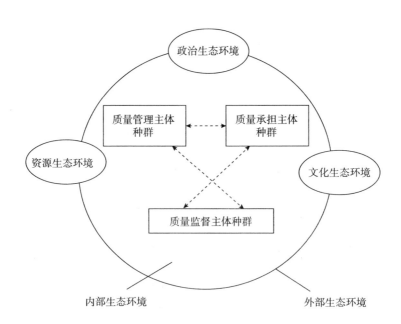

图2-1 中外合作办学质量保障生态系统模型

在中外合作办学质量保障生态系统中，中央政府（教育行政部门）和地方政府（教育行政部门）属于质量管理主体物种，它们共同构成了中外合作办学质量管理主体种群；中外合作办学的办学者属于质量承担主体物种，它们共同构成了中外合作办学质量承担主体种群；教职员工、学生、家长、第三方组织等属于质量监督主体物种，它们共同构成了中外合作办学质量监督主体种群。所以，中外合作办学质量保障生态系统群落层面上的生态主体是由质量管理主体种群、质量承担主体种群和质量监督主体种群共同构成的。

一般而言，生态环境包括自然环境、社会环境和规范环境。自然环境，又称物理环境，即生态学所称的生物圈，包括诸如高山、丘陵、平原、湖泊、海洋等各种自然地理空间以及各种自然资源的系统与循环。社会环境，又称为结构环境，是人类所特有的生活环境。社会环境由各种环境要素构成，如政治、经济、人口、家庭、职业等。规范环境，又称价值环境，是人类在社会生活过程中所形成的各种态度、风气、价值观念等，具体包括社会风气、民族传统、风俗与习惯、社会思潮、艺术、科学技术、宗教等。本书研究的中外合作办学质量保障生态环境，主要包括政治生态环境、文化生态环境和资源生态环境。其中，政治生态环境包括中外合作办学质量保障的政策因子和法律法规因子；文化生态环境包括中外合作办学质量保障的价值观念因子、质量文化因子等；资源生态环境包括中外合作办学质量保障的经费因子、国外优质资源因子、办学条件因子等。

中外合作办学质量保障系统生态主体对生态环境的作用，体现在中央和地方政府、办学者、教职员工、学生、家长、第三方组织等对生态环境产生的影响，这些生态主体以各种方式保持、改变或改造着中外合作办学质量保障生态环境。同时，中外合作办学质量保障系统生态主体既然生存在环境中，那么，生态环境就会对其产生影响。中外合作办学质量保障生态环境主要是通过各个生态环境因子对高等教育生态系统中的生态主体发生作用，从总体上影响着生态主体的存在状态和发展趋势。

三、中外合作办学质量保障生态系统的特性

可以发现，中外合作办学质量保障生态系统和自然生态系统一样，有着共同遵守的生态学原则，如表2-1所示。

表 2-1　生态学原则

	生命的	中外合作办学质量保障系统的
整体性	生命的重要特性是有机性，本质是内在的关联。生态系统的所有成员在网络关系中彼此相关，且所有生命过程都是相互依赖	质量保障主体和与其发展相关的多维生态环境中各种生态因子，交互形成了一个非线性、复杂结构的网络，在功能上形成统一的整体
相互依赖	系统的所有成员在网络关系中彼此相关并且彼此依赖，整个系统的成功视个别成员的成功而定，然而每个成员的成功也需仰赖整个系统的成功	质量管理主体、质量承担主体和质量监督主体在质量保障系统中各司其职、各就其位、各尽其能，它们之间彼此依赖，协同合作，互惠共生，共同发展。当其中一个主体因子发生越位、错位，无法发挥其本身作用时，整个质量保障生态系统会失去平衡
生态循环	生态系统里成员间的相互依赖包含在连续的循环中交换物质和能量，这些生态的循环有如回馈的环线	中外合作办学质量保障生态主体系统全方位地与系统外界通过物质和信息的输入和输出发生着联系。同时，在该系统内部，各个主体因子在系统中吸取或提供养分，它们之间在进行物质流、能量流和信息流交互时，不断与其相关的政治、经济、社会、文化和其他教育环境之间的信息交换、效能流动和反馈，从而实现系统的良性循环
能量流	太阳能通过绿色植物的光合作用转化为化学能，驱动所有生态循环	中外合作办学质量保障生态系统需要外层生态系统不断为其输入物质和能量，同时持续不断地向外输出能量
合伙关系	生态系统的所有成员都参与微妙的竞争和协作互动，包括无数的伙伴关系	中外合作办学质量保障主体与主体之间存在无数竞争与合作关系，这也是系统保持平衡的关键
适应性	在它们有如回馈线路的功能里，生态的循环倾向于将自己保持在弹性的状态下，具有弹性的团体对于波动能够给予宽大的控制，因此，它们得到了革新和发展	系统本身的存在应被视为环境适应结果。一方面，在中外合作办学质量保障生态系统中，质量保障主体作为环境中的生命个体存在，受环境因素的影响；另一方面，质量保障主体必须不断适应环境，正确处理各种环境因素之间的关系，保持系统的平衡
多样化	生态系统的稳定性主要取决于其关系网络的复杂性；换言之，也就是生态系统的多样化	质量管理主体、质量承担主体和质量监督主体等多种因子相互作用，相互联系，保持整个质量保障体系的平衡和稳定

续表

	生命的	中外合作办学质量保障系统的
共同演进	生态系统中的大多数物种通过创造和相互适应而经历共同的进化。创造性延伸是生命的基本特征，也体现在发展和学习的过程中	质量管理主体、质量承担主体和质量监督主体多方交互作用，彼此有利，其中一方的良性发展势必促进其他方的协同进化、共同演进

注：表中生命的生态原则引用美国学者卡普拉的描述①，略作修改。

---

① 兰伯特等. 教育领导：建构论的观点［M］. 崔云编译，兰州：甘肃文化出版社，2005：39-40.

第三章　中外合作办学质量保障系统的生态主体

第一节　中外合作办学质量保障系统生态主体的构成及特征

在教育生态系统中，无论是生态环境要素，如自然环境、社会环境（政治、经济、社区、家庭）、规范环境（文化、制度），还是教育生态主体（教育者、受教育者、各级各类教育机构等），都有一个不断自我完善、自主发展的动态发展过程。教育生态主体，在内部关系上，有着密切的作用与联系，表现为共生与竞争等；在外部关系上，与环境不断进行着物质、能量和信息的交换，为自身自主的不断变革或外部环境力量推动下的变革蓄积物质、能量、信息，并且根据环境变化不断调整物质、能量、信息在主体内的配置方式和流动方向，或通过遗传与变异使教育主体不断适应环境，超越环境，主动促使主体与环境的互动，不断地向前发展，从而将教育不断推向更高的发展阶段，使处于生态系统中的生命（教育者、受教育者）在与环境和谐共存的同时，不断地完善、提高，获得全面发展。①

---

① 吴林富．教育生态管理［M］．天津：天津教育出版社，2006：37.

一、中外合作办学质量保障系统生态主体的构成

在中外合作办学质量保障生态系统中，生态主体是指为了实现中外合作办学的利益和质量要求，直接或间接地参与中外合作办学质量目标的确定和保障活动的组织、团体和个人，主要包括质量管理主体、质量承担主体和质量监督主体。其中，政府及其教育行政管理部门，对中外合作办学进行统筹规划、综合协调、宏观指导、日常监管以及质量评估等，是中外合作办学质量保障的管理主体。院校作为人才培养质量建设中不可回避的核心主体，承担全过程、全方位的质量保障，是中外合作办学质量保障的承担主体。社会中介组织、媒体、家长、用人单位等社会力量对人才培养质量保障的过程及环节实施质量审视和质量监督，是中外合作办学质量保障的监督主体。

根据我国《中外合作办学条例》和《中外合作办学条例实施办法》的有关规定，政府更多的是承担相应的管理职责；举办者及接受举办者委托的办学者有义务对其提供的中外合作办学质量进行自我保障；社会中介机构及其他社会团体参与管理及监督中外合作办学教育质量保障工作，其中受教育者及其家长也有权利要求中外合作办学机构达到符合其要求的办学水平。[①]

（一）质量管理生态主体

政府是教育经费的主要提供者，也是最重要的政策支持力量，其立场和导向决定了合作办学的发展方向。

政府对中外合作办学的监管分为国家层面和地方层面，因此需要理顺各级政府及其教育行政管理部门在中外合作办学质量保障中的角色定位及职责，在此基础上，对各部门职责加以协调和统筹规划。

国家层面包括教育部、人力资源和社会保障部、国家留学基金委、国务院学位办以及国家其他相关部门等，其职能主要是统筹规划、综合协调和宏观管理，包括完善中外合作办学立法、制定质量监控指标、公开监管操作程序，健全质量监管机制，协调相关部门之间的管理，对中外合作办学的市场需求和人才培养质量作出导向监控和适时监管等。代表国家层面的政府监管机构，关注重点应着眼于中外合作办学的办学目标、动机和宗旨，优质教育资源的引进，教育市场的需

---

① 张民选，李亚东. 中外合作办学认证体系的构建与运作［M］. 北京：高等教育出版社，2010：106.

求、布局和导向，入口准入条件及许可，质量标准制定，质量评估监测，信息公开与服务，风险预警等。

地方层面包括省、自治区、直辖市人民政府教育行政部门及其他有关行政部门。地方层面的质量监管可在地方教育行政部门的统一协调下，与当地行政区域内的工商、税务、金融、物价、劳动、公安、司法和人力资源与社会保障部门共同协作，设置协同一致的质量监管平台，平台可设置于地方政府教育主管部门内，以便于进行日常监管。其职责主要是国家政策法规，合同条款、投资执行、资源配置的实施和执行，专业设置和专业结构，组织方式、组织结构和组织管理，学生权利保护，办学运作等的管理和监督。

（二）质量承担生态主体

院校是中外合作办学质量保障的核心主体，其质量风险控制的对象是学生对所获得的教育资源和教育实施过程的满意程度。院校进行自我质量保证的职责有：①自主制定发展规划，明确办学的质量方针和各项工作质量标准；②建立并完善质量决策系统、组织指挥系统、管理制度系统、信息反馈系统和教学评价系统，加强对教学过程的评估与监控；③建立必要的社会人才需求信息收集以及毕业生的跟踪调查系统。[①] 院校自我保障的侧重点应立足于课程设置与结构、学分学时、教学资源与设备的保障、师资结构与质量、教学过程的全程质量控制、学生学习效果的反馈和评价、合作内容实施和目标实现等方面。[②]

（三）质量监督生态主体

社会公众、中介组织、校友、用人单位等各类社会主体介入中外合作办学的质量保障体系，不仅能够促进办学项目具有规范性，更能从"出口"对其教学质量进行效果评估与反馈。首先，评估或认证机构等第三方组织协助政府对中外合作办学情况进行客观评判。其次，校友以及校友会也能够起到质量保障的作用。校友会可通过校友社会实践中的体验与经历对母校现有教育水平进行反馈与质量监督。最后，用人单位、合作企业也是中外合作办学质量保障的必要主体之一。让用人单位深入参与到质量保障、人才培养过程中，使人才培养模式的构建更加立体、更加科学。

　① 李亚东，江彦桥．跨境教育的本土质量保障与认证：上海的探索［J］．教育发展研究，2006（8A）：7-8.

　② 郭丽君．中外合作办学质量监管模式：问题与变革［J］．高等工程教育研究，2015（4）：144.

二、中外合作办学质量保障系统生态主体的特征

（一）共生性

自然生态系统中的生物种群之间相互依存、共同发展。一个物种的消失必将影响其他物种的生存，进而影响生态系统的稳定和平衡。质量管理主体、质量承担主体和质量监督主体在质量保障系统中各司其职、各就其位、各尽其能，彼此依赖，协同合作，互惠共生，共同发展。当其中一个主体因子发生越位、错位，无法发挥其自身作用时，整个质量保障主体系统就会失去平衡。

（二）交互性

中外合作办学质量保障主体系统中包含两种关系的交互：一是主体与主体之间的关系，即个体之间、个体与群体之间以及群体之间的信息交流，具有灵活性和双向性。二是主体与生态环境的关系，也就是主体与生态环境，包括政治环境、经济环境、文化环境和社会环境间的交互关系。在该系统内部，每一个因子都是开放的、动态的，各个主体因子在系统中汲取或提供养分，它们在进行物质流、能量流和信息流交互的同时，不断与其相关的政治、经济、社会、文化和其他教育环境进行信息交换、效能流动和反馈，从而实现系统的良性循环。

（三）动态性

第一，生态环境是复杂多变的，中外合作办学质量保障主体在与生态环境的互动过程中，不仅主体多元化的演变趋势更加明显，而且主体主动意识、适应水平、可持续发展能力不断提升。第二，中外合作办学保障主体在与外部环境关联交互中，主体的角色意识、适应能力和可持续发展水平在不断调适和优化。第三，主体之间相互影响、相互制约和相互依存的互动关系，推动着中外合作办学质量保障主体生态系统的动态化发展。

第二节　中外合作办学质量保障
主体交互的生态机理

在生态学理论中，关系观是一个非常普遍而重要的概念。在自然界，没有一种生物能够离开其他生物而孤立存在。任何物种、种群都与其他物种、种群存在

着相互依存、相互制约、相互影响的作用关系，这些相互关系构成了生态系统的关系网络。常见的是：①食物链。在生态系统中，肉食动物要吃植食动物，植食动物靠消费植物为生，而每一种动物、植物的体内和体外都寄生着许许多多的生物。生物之间以食物营养关系形成一系列捕食者与被捕食者的关系，在这种序列关系中，能量和营养素在不同生物间逐级传递形成稳定的关系，决定着群落和生态系统的稳定性。②竞争。自然界中的生物之间常常因为争夺有限资源而发生斗争，促使不同生物的生态特性得到强化，结果是：两个种群形成协调的平衡状态，每个物种各得其所、互不相扰；或者一个种群取代另一个种群；或者一个种群将另一个种群赶到别的空间中，从而改变原生态系统的生物种群结构。③互利共生。生态系统的生物在竞争的同时往往为了共同的目标，同舟共济、团结协作，共同分享和利用有限的资源，形成完整的共同体，在与生态环境相互适应的过程中不断演化和发展。这些不同种类的关系使生物群落形成了错综复杂但相对稳定的生态结构。

现存的生物世界之所以能够年复一年地保持相当的稳定性，完全有赖于生物彼此之间的协调和相互作用。尽管群落中的生物有生有死、有多有少，但却在动态中保持了生态系统的稳定性。生态系统中的每一个物种都处在和其他物种的相互作用之中（见表3-1），因此对生态系统的稳定性有一定的贡献。

表3-1　生物之间相互关系情况

6种组合利（+）弊（-）	关系类型	
（+）（-）	共生	互惠
（+，0）	共栖	
（+，-）	寄生、类寄生、果寄生、植食、捕食	
（-，0）	种间竞争	抗生
（-，-）	互抗	
（0，0）	中性关系	

一、质量保障主体生态链的形成

自然生态系统中的成员之间为了实现物质循环和能量交换而形成的一种网络结构，即食物链。系统中有很多食物链条，形成一个闭环系统，保障了生态系统的稳定和发展。

在自然生态系统中，食物链是能量流动的基本渠道，受自然界能量供应关系和能量转移规律的制约，食物链上的生物种群数量从底层到高层存在迅速递减的比例关系，形成一种数量金字塔结构。这种结构必须时时保持动态平衡，任何一个环节的弱化或断裂，都可能导致整个生态系统的崩溃。

在中外合作办学质量保障系统中，质量保障主体不仅是此生态系统中重要的生态因子，与外界进行关联和调适，更重要的是质量保障主体自身各组成要素之间也在进行物质循环、能量传递、信息共享的交流活动，形成了一个有机动态平衡的系统，推动中外合作办学不断发展和进步。由此可见，中外合作办学质量保障主体是一个复杂统一的子系统，是在中外合作办学生态环境中，为了实现中外合作办学的价值取向，从事中外合作办学活动的个人和组织机构交互作用、协同进化而形成的纵横交错、有机统一的生态系统，不断维持中外合作办学质量保障主体与主体生态环境的协同进化。

如同自然生态系统中存在食物链一样，中外合作办学质量保障主体生态系统中，同样存在模仿自然生态系统中的生产者、消费者和分解者，以主体价值（职责、信息、经验等）为纽带形成的具有工作衔接关系的环节链条。

中外合作办学质量保障主体生态链之间存在着十分复杂的关系，这些关系既有上下层级主体种群间的信息、知识、资源的传递，也有企业、行业、社会中介组织等提供的支持和服务。按照生态学的分析方法，在中外合作办学质量保障主体系统中存在与食物链类似的生态链，这个生态链主要由节点（Node）和键（Key）两个部分组成，各保障主体是主体生态链上的节点，主体之间的相互作用是该生态链的键。质量管理主体、质量承担主体和质量监督主体仿照自然生态系统中的生产者、消费者和分解者，处在因工作衔接关系形成的主体生态链条的不同节点上，并按照自然生态系统中生态链的营养关系进行着主体职责、信息、资源、知识等的交换和传递。主体生态链是中外合作办学主体生态系统的主体因素，直接关系着主体自身的生存与发展，主体之间相互激活、相互依存、优势互补、共同进化和发展，支持和保障着中外合作办学的正常运行。

二、质量保障生态主体间的竞争

高斯（Gause G. F.，1934）提出种间竞争假说，认为当两个物种利用同一资源和空间时，两个物种越相似，它们的生态位重叠越多，竞争也就越激烈。这个假说能够比较准确地反映中外合作办学质量保障主体之间的互动关系。

在特定地域与时间内，中外合作办学质量管理主体、质量承担主体和质量监督主体之间，以及质量承担主体——院校内部不同保障主体，如教学管理人员、教学服务人员、教师、学生之间，由于物质循环、信息传递、能量交换、成果共享而共同形成了相互联系、相互影响、相互依存的物质—能量—信息系统关系。

在中外合作办学质量保障的实践中，为了更好地发挥各自在质量保障过程中的作用，特定的质量保障主体可能会为争夺有限的能量、物质、信息资源和生态空间与其他主体发生相互作用关系，主要包括种内关系和种间关系。在同一生态系统中，种内关系指的是同一种群内部成员之间的相互作用，主要表现为互助关系和竞争关系，如学生与学生之间存在的互助关系、竞争关系；种间关系指的是分属于不同种群的成员之间的相互作用，主要表现为捕食关系、竞争关系、寄生关系和互利共生关系。

对于中外合作办学系统这种多层次的复杂系统，其质量过程实际上需要满足整个质量生态系统中不同质量保障主体的利益和诉求，并且在相互的认可过程中形成相对固定的既得利益。系统中各主体为了保持和维护自身的既得利益，并使其最大化，某种质量的含义会被坚持，而某种判别质量高低的标准就有存在的合理性。竞争是一个博弈过程，每个质量保障主体的独特地位和作用，是其在竞争及与质量环境相互作用演化过程中逐渐形成并确立的。因此，质量保障各主体要厘清自身的职责以及在质量群体中的地位，选择合适的发展空间和发挥作用的领域及最优的竞争策略，才能在中外合作办学质量保障系统中获得较高质量以保障其生态位。

三、质量保障生态主体间的调适

主体的适应性是指个体能够在与其他个体的交互中表现出随着得到的信息不同而对自身的结构和方式进行不同的调整。调控反馈是生态系统稳态运行演进的重要机制，其目的是为了更好地适应生态环境。中外合作办学质量保障主体运行实践中也存在各个主体之间的调控和反馈，以此实现中外合作办学质量保障系统的自我适应和自我发展。

首先，中外合作办学质量管理主体、质量承担主体之间的双向互动调适。一方面，教育管理部门对办学的指导思想、价值观念和政策制度进行"输出"，办学者及时"输入"相关的教育信息和理念，理解和认同教育决策并不折不扣地执行；另一方面，办学者将有关办学教育政策执行的效果信息以及教育意见和建议反馈"输出"给相应的教育管理部门，以便教育管理部门根据实际情况及时回应并改进相关政策，调控办学运行过程，提升中外合作办学的质量。

其次，中外合作办学质量管理主体、质量承担主体和质量监督主体的多向互动调适。除质量管理主体和质量承担主体之间的双向互动调试外，质量监督主体还与质量管理主体和质量承担主体之间进行着多向互动调适。中外合作办学质量监督主体，如社会中介组织、家长、媒体、行业企业等独立于政府和院校的社会力量，是中外合作办学人才培养质量保障中的推动者、支持者和监督者。社会力量参与中外合作办学，不仅要接收教育管理部门和院校的信息"输入"，而且可能对此产生正向的或者负向的反馈。例如，独立于政府和院校的社会第三方机构的调查研究数据和质量报告结果相对客观，能够将中外合作办学中的不足反馈给政府和院校，进而为政府的教育决策提供参考，并协助院校进行质量改进。

四、质量保障生态主体间的协同

生物之间的共生关系可以分为互利共生和偏利共生两种。互利共生指的是不同生物物种共同居住在一起，彼此依赖，这种生存方式对各方都有利；偏利共生则是一种纯粹的寄生关系，一个物种寄存在另一个物种的体内或体表，依靠摄取寄主的养分以维持自身的生命。无论是竞争，还是共生，从进化生态学的观点来看，其最终的结果都是生物物种的协同进化。

协同进化的概念是指生物种群之间相互依存、共同发展。在自然生态系统中，一个物种的消失必将影响其他物种的生存，进而影响生态系统的稳定和平衡。当其中一个主体因子发生越位、错位，无法发挥其本身的作用时，整个主体系统就会失去平衡。中外合作办学质量保障主体的协同既是主体生态链不断完善和发展的重要推动力，又是整个主体生态系统生存与发展的基础，因此在该系统的生存与发展过程中，必须考虑主体各层级的协同发展和平衡发展，强调各主体的生态性行为特征以及他们之间相互激活、相互依存、共生共变的关系和相互适应、共同进化和发展的过程。这种协同不是众多主体的简单集中，而是以专业化分工与社会化协作为基础，各种类型、各个层级主体共生互补的生态化过程。

在中外合作办学质量保障的实践中，质量管理主体、质量承担主体和质量监督主体在质量保障系统中各司其职、各就其位、各尽其能，它们之间彼此依赖、协同合作、互惠共生，进行角色和职责的互补、信息与资源的交流、经验与知识的传递等，共同促进了主体之间的发展，实现主体生态链的最优化，使主体生态系统处于持续的动态平衡状态，最大限度地发挥链上所有主体的效能和价值。

第三节　中外合作办学质量保障主体的生态困境

一、质量保障主体生态结构的失衡

生态结构是生态系统中生物和非生物组分保持相对稳定的相互联系、相互作用而形成的组织形式、结合方式和秩序。不同的生物种类、种群数量、种的空间配置、种的时间变化具有不同的结构特点和不同功效。生态系统结构包括形态结构和营养结构。其中，生态系统的形态结构是指生物的种类、种群数量、种的空间配置、种的时间变化等。生态系统的营养结构是指生态系统中各个组成部分间建立起来的营养关系。生态系统的结构是生态系统功能的基础，也是生态系统实现能量流动、信息交流、物质循环，维系自身稳定的基础。

在中外合作办学质量保障系统中，质量保障主体结构的平衡与否直接关系到质量保障功能的顺利实现，也直接关系到质量保障生态系统的稳定。然而，在中外合作办学质量保障活动中，存在质量保障主体结构失衡现象。众所周知，开展对中外合作办学的质量评估是规范中外合作办学管理、提高中外合作办学质量、促进中外合作办学健康发展的主要手段。尽管《中外合作办学条例》对中外合作办学的日常监督和质量评估作了较为明确的规定，即"国务院教育行政部门或省、自治区、直辖市人民政府教育行政部门及劳动行政部门等其他有关行政部门应当加强对中外合作办学机构的日常监督，组织或者委托社会中介机构对中外合作办学机构的办学水平和教育质量进行评估，并将评估结果向社会公布"。但在中外合作办学质量保障过程中，评估工作多由政府主导，以院校自评为主，政府予以审核并组建教育界、评估界的专业人士考察与提交评估报告，其间无来自企业界或行业领域的资深人士承担评估工作，缺乏有效的社会监督，也尚未构建专业、规范和完全独立的第三方中外合作办学质量评估团体。这种状况的出现，究其原因主要在于：第一，长期形成的直接管理模式的影响，政府及教育行政管理部门未能充分发挥社会中介组织或者其他第三方机构的评价作用，尚不愿主动将中外合作办学质量评估工作委托给相应的评估机构；第二，一些社会中介机构由于行业自律性不强，欺诈、逐利等不规范行为对中外合作办学质量产生了较大影响，其评估的客观性和有效性受到公众质疑；第三，有资质对中外合作办学进行评估的社会中介机构为数不多，政府也未对这些中介机构的资质水平进行评估认证。

总之，中外合作办学质量保障主体结构的不均衡既影响了保障主体系统内部物质循环、能量流动和信息流通，又阻碍了系统与外部环境的物质、能量、信息交换与传递。这种主体生态结构失衡造成的结果往往是评估工作粗放、评估结果简单、评估效果不理想等，严重影响了中外合作办学的质量。

二、质量保障主体生态链条的断裂

如前文所述，中外合作办学质量保障生态系统中，质量管理主体、质量承担主体和质量监督主体之间的关系如同自然生态系统中存在的食物链一样，主体间形成了主体职责、信息、经验等交换和传递的关系链。

现阶段，我国中外合作办学质量监管沿承传统的行政管理方式，无论是管理理念、具体规定，还是运行体制，都是政府主导型模式。这种模式导致政府监管权力过于集中，质量保障各主体之间缺少有效的互动和平等的对话，在一定程度上割裂了政府部门与办学主体、社会之间的有效衔接。同时，在中外合作办学质量保障的实践中，由于未能充分考虑不同质量保障主体在合作办学生态环境中结构功能的特殊性、所应承担职责的平衡性以及缺乏顺畅贯通的工作机制，加之长期以来，中央和地方之间、各部门之间、地区之间缺乏有效的协调沟通，致使其运行关系不协调。

此外，中外合作办学的有效管理涉及多个部门的协调和配合，但由于缺乏协作机制，使有关管理工作难以系统化，相互隔离甚至冲突，无法形成系统有效的政策体系。中外合作办学涉及优质教育资源的认定，亟须教育、工商、海关等部门协作制定政策标准，同时区分非营利办学投资与营利性商业投资，制定不同的管理办法；涉及外籍教师和学生的引入居留、出国留学等，亟须教育、公安、民政等部门协调，制定有关政策，用以鼓励、支持相关工作的开展，并提供工作便利；涉及教育资金的双向流动，亟须教育、文化、银行等部门配合，制定专门办法，用以方便地引入国外教育教学设备、支付外籍教师工资、收取办学费用等。① 若各个主体要素之间缺乏实效性的互动交流，则主体生态链条断裂必然会影响主体与外部生态环境的联动和循环，最终影响合作办学质量的提升。

三、质量保障主体生态区位的"畸变"

生态位（Ecological Niche）是生态学中一个重要概念，指某一物种在相应生物群落中所处的时空位置，以及它在生态系统中的角色和作用。在自然生态系统中，每个物种都有与其他物种相区别的适合自己的独特生态位。一个物种只有对自己所处的生态位有明确的定位，发掘自身的优势和特长，才能有效避免竞争中的不利地位，从而有利于个体乃至群体的健康发展。生物在生态系统中的生态位发生扭曲异化，我们称之为"生态位畸变"（Niche Distortion）。其中，生态位错位、生态位缺位、生态位偏离和生态位不足等都是生态位畸变的表征。在中外合作办学质量保障主体生态系统中，不同的质量保障主体有其各自特定的结构功能，不同的结构功能形成了各主体特定的空间、时间位置及其相互关系，从而确定了它们的生态位。每个主体都有属于它们各自的生态位，有各自生长的空间和发挥作用的领域。中外合作办学质量保障是一项非常复杂的系统工程，要提高保障的公正性、科学性和有效性，必须对各保障主体的职责做出明晰合理地划分。然而，由于我们对中外合作办学质量保障活动的生态性认识不足，忽略了各保障主体在质量保障生态系统中结构和功能的差异性，未能严格界定并区分保障主体的权责利关系，从而导致政府生态位的"错位"与"缺位"、高校"自主性"生态位薄弱和社会监督主体生态位不足等生态位畸变现象的出现。

四、质量保障主体生态环境的"脆弱"

生态学中，生物的生态环境（Ecological Enviroment）是指直接或间接影响生物生存与发展的所有生态因子。中外合作办学质量保障主体的生态环境，主要是指直接或间接影响中外合作办学质量保障主体运行及其效果的所有环境因素的总和。在一定条件下，这些因素相互作用、相互制约，共同推动中外合作办学的良性发展。

近年来，尽管中外合作办学的质量建设取得了重要进展和显著成效，然而，

---

① 薛二勇．中外合作办学改革和发展的政策分析［J］．中国高教研究．2017（2）：26.

在我国经济发展新常态与"一带一路"建设的今天，质量保障主体的生态环境依然比较"脆弱"，面临着诸多的现实困境。主要表现在：法律法规、相关政策适切度有待调整，质量保障机制存在欠缺等。《中外合作办学条例》和《中外合作办学条例实施办法》是当前我国中外合作办学应遵守的主要法规。然而，随着高等职业教育的迅速发展，中外合作办学的法制建设逐渐显示出与新形势不适应的地方，政策指导的科学性、可操作性和前瞻性有待提升，对于政策法规执行的监督与管理有待加强。尤其是尚未出台一套具体针对高职中外合作办学的政策法规，地方政府和相关教育部门对中外合作办学的分类管理缺少可依据和遵循的相关政策制度。同时，适用于高职中外合作办学的办学评估和质量认证机制不完善，评价体系不健全；信息反馈沟通不及时，信息不对称和不透明的现象时常存在；质量保障问责退出机制执行不力；等等。因此，进一步健全法律法规、政策体系，完善质量保障机制，是中外合作办学健康发展、质量提升的关键。

第四节　中外合作办学质量保障生态主体的优化

一、质量保障生态主体优化的原则

（一）多样性原则

地球上的动物、植物、微生物及它们所包含的基因以及由这些生物与环境相互作用所构成的生态系统都是多样化的。

物种多样性是生态系统结构相对和谐、稳定的基础，物种多样性越高、结构越复杂的生态系统就越健康、稳定，反之则越薄弱、危险。在中外合作办学质量保障过程中，质量管理主体、质量承担主体和质量监督主体等多元主体相互联系、相互影响，分工负责、协同合作，共同推动着中外合作办学质量保障体系的有效建立。

（二）差异性原则

生态系统中的任何事物都具有特定的空间与时间性，中外合作办学主体系统中组分结构的特定性和功能的相对独立性决定了主体差异特性。中外合作办学涉及跨国、跨部门、跨领域的合作问题，质量保障各主体有着各自的价值出发点和行动立场。例如，政府是教育经费的主要提供者，也是最重要的政策支持力量，其立场和导向决定了合作办学的方向；办学者是办学的执行者，是保证机构和项目顺利运行的重要力量；学生是立校之本，是中外合作办学中最为庞大的保障主体。只有通过深度剖析各质量保障主体的利益契合点，才能进一步寻求中外合作办学的发展方向，促进合作办学的健康有序发展。

（三）生态位原则

在生态学上，生态位主要用来描述生态系统中个体或者种群在时间空间上所占据的位置及其与相关个体、种群之间的功能关系及作用。其实，中外合作办学质量保障系统中的每一个质量保障主体都有自己的时间位置、空间位置和功能地位。只有明确各自的角色定位，厘清各自的职能，各安其位、各司其职，才能实现优势互补、合作共赢，保持系统的稳定平衡和健康运行。

（四）限制因子原则

在构成生态环境的各要素因子中，维持生物生存不可缺少的因子称为生态因子。各种生态因子在性质、作用强度和作用方式等方面各不相同。其中，某种生态因子不足或过量都会影响生物的生存和发展，这个因子就是限制因子。在中外合作办学质量保障生态系统中同样存在维持质量保障主体正常运行的关键生态因子。例如，目前在高校质量保障的制度建设和组织建设中，与教学质量监督制度相配套的改进性制度缺乏或不完善，质量保障机构的组织制度不健全导致机构地位不够、人员精力不够等现实困境已经成为影响合作办学质量保障实效性的关键环节和核心因素，极大地削弱了办学者在质量保障过程中的地位和作用。

二、质量保障生态主体优化的路径

（一）主体生态结构的平衡

生态系统结构的平衡与稳定，是一切生物赖以生长发育的根本条件。实现生态结构的平衡与稳定的主要条件有两个：一是生物群体的布局和结构是否合理、协调、平衡；二是生物群体与环境因素之间的能量流动与物质循环是否达到最优状态。

同样，中外合作办学主体系统是一个有机整体，其结构和功能的完整性对质量保障生态系统的生态平衡有一定影响。要实现中外合作办学质量保障主体系统结构的平衡和稳定，除保持各主体要素布局的合理、完整、协调和平衡外，还应维持系统与外部环境的物质、能量、信息交换与传递，以确保各质量保障主体在系统内物质循环、能量流动和信息流通达到最优的状态。在中外合作办学实践中，质量管理主体的调控监管、质量承担主体的自我评估、质量监督主体的有效监督，三者互为补充，联合运作，尤其应加强第三方社会中介组织的建设，建立学生、社会大众、媒体舆论、用人单位等多元化主体参与的社会监管和评价体系，以共同推动中外合作办学质量的提升和中外合作办学的健康发展。

（二）主体生态链条的衔接

在自然生态系统中，生态链是生态系统的基础，是生态系统中实现能量流动的主要形式，还是生态系统中各种要素相互联系、相互作用而形成一个整体的关键所在。同样，在中外合作办学质量保障系统中，由质量保障主体构成的主体生态链也是质量保障生态系统的能量基础，它直接影响和制约链上各主体的自我完善和发展。各主体在满足整个生态链发展的同时，利用链上的整体优势进行自身优化与发展，增加结构的可靠性与稳定性。质量管理主体、质量承担主体、质量监督主体之间更多地表现为共生和协作关系，它们相互依赖、彼此互利，各主体通过角色、职责的互补，信息、知识的传递等，在促进主体共同发展的同时，维持了主体系统的生态平衡。因此，在合作办学质量保障过程中要重视主体生态链条节点上的质量管理主体、质量承担主体、质量监督主体的价值诉求和质量保障主张，推进主体间的互联、互动、互依，让主体之间有更多的平等对话、更广的沟通合作、更多的放权信任，实现各保障主体的有效衔接，促进中央与地方，行政部门与学校、社会之间系统有序、协调合作的监管机制的形成，推动主体系统生态的有机整合，最大限度地发挥各主体在质量保障中的作用。

（三）主体生态区位的矫正

根据生态位的相关理论，中外合作办学质量保障主体有各自适宜的生态位，有各自的生长空间和发挥作用的领域，只有明确各自的角色定位，厘清各自的职能，各安其位、各司其职，才能实现优势互补、合作共赢，推动系统的稳定平衡和健康运行。因此，在中外合作办学质量保障过程中，作为质量管理主体的政府，应转变其在管理中的角色定位、权力行使的范围和权力运作的方式，转变思想，重新定位自身在中外合作办学中的功能作用，既要对中外合作办学的发展方向和进程进行科学的规划和指引，又要简政放权，给予院校更多的办学自主权。从直接管理转向宏观管理，以长远的眼光和全局的高度成为"掌舵者"的角色，加大宏观管理的力度，制定政策法规，完善监管机制，针对办学者、社会各种力量，采取多种形式加强中外合作办学的入口资质监管，对中外方的办学宗旨、办学资质以及引进教育资源的质量进行全面的审核与考察。同时，充分调动各方积极性和参与性，发挥社会中介组织或者第三方机构的评价作用、市场的调控作用和社会的监督作用，为中外合作办学的健康发展提供一个良好的环境。办学院校作为质量保障的核心主体，应强化质量保障意识，积极构建内部质量保障体系，围绕人才培养对教育教学工作各要素及全过程进行有效组织和安排，实现自我质量监控和保障。此外，应充分发挥社会中介力量在质量保障中的功能，由政府授权组建半官方性质、独立自治的专门评估机构，为教育行政部门和中外合作办学的院校提供审计、评估、质量监控和决策咨询等服务，并可借此构筑一个办学者与政府、社会之间的沟通的平台和桥梁。学生、家长、用人单位、媒体、社会大众等是中外合作办学人才培养质量保障中的推动者、支持者，要发挥对政府、第三方社会中介组织和院校的监督作用，形成广泛参与的社会评价和监督体系。

（四）主体生态环境的优化

在自然生态体系中，任何一种生态现象都是由多个生态因子相互作用、相互制约而产生的，自然界中的生命个体、种群和所存在的环境间存在相互依存、相互制约的关系。改善生态因子，优化中外合作办学质量保障主体的生态环境，是实现质量保障主体生态价值的根本保证，是确保合作办学质量的根本。其一，完善现行相关法规政策。我国跨境教育质量监管的法律法规、管理政策制定滞后，现行法规政策大多是针对实践中出现的问题而制定，很难有效适应中外合作办学的实践需要，因而，完善跨境教育质量管理的立法体系，适时修订相关法律法规实现法规政策的一致性，才能保障中外合作办学的质量。其二，构建合作办学质量保障机制。首先，建立质量评估机制。要针对不同类型、不同层次的高等教育中外合作办学，借鉴跨国教育中建立的有效质量评估体系的成功经验，制定相应的质量评估标准与评估机制，并实行全过程的动态质量监测。其次，建立信息反馈机制。通过有效的信息反馈、沟通、交流以及信息公开与发布，克服合作办学中信息不对称或不透明现象。除发挥已经设立的信息网和信息平台的作用外，办学机构自身也要定期向社会发布教育质量报告，并接收来自学生、教师、用人单位和社会大众的质量反馈。最后，落实处罚退出机制。在质量评估的基础上，对违规办学、损害教师和学生合法权益的中外合作办学机构及项目依法予以严惩；对不合格的项目则应责令其限期整改，整改不力或整改后仍不合格的应按有关程序有序退出。

第四章　中外合作办学质量
保障系统的生态环境

第一节　环境与生态环境

　　构成环境的各要素被称为环境因子，而对生物的生长、发育、生殖、行为和分布有着直接或间接影响的一切因子叫作生态因子，所有的生态因子综合作用构成生物的生态环境。具体的生物个体或群体生活区域的生态环境与生物影响下的次生环境统称为生境（Habitat），生态环境比生境的内涵广。Glotfelty 和 Fromm 认为："'环境'意味着我们人类位于中心，所有非人的物质环绕在我们四周，构成我们的环境。与之相对，'生态'则意味着相互依存的共同体、整体化的系统和系统内各部分之间的密切联系。"① 因此，"生态"是指各生命群落在环境中互栖共生的平衡关系。生态环境是包括人在内的生命有机体赖以生存、发展、繁衍、进化的各种生态因子和生态关系的总和。生态环境是有生物网络（个体、种群、群落）、有生命活力、有互动关系、有空间格局、有生态过程（代谢、繁衍、进化）、有人类影响、有自组织能力的环境，是人类及万物生灵得以生存、发展、繁衍、进化的必要条件。②

---

　　① Cheryll Glotfelty, Harold Fromm. The Ecocriticism Reader：Landmarks in Literary Ecology ［M］. Athens：The University of Georgia Press, 1996.

　　② 王如松. 生态环境内涵的回顾与思考［J］. 科技术语研究, 2005（2）：29-31.

吴鼎福、诸文蔚（2003）在《教育生态学》一书中提出了教育生态环境的概念，即以教育为中心对教育的产生、存在和发展起制约和调控作用的多维空间和多元环境系统。"任何一种生态现象都不是孤立存在的，而是由多个生态因子相互作用和相互制约而产生的。"[①]

研究中外合作办学质量保障系统的生态环境，是为了探究各种生态环境与中外合作办学质量保障系统之间的相互关系和作用机制，使中外合作办学的质量环境的变化适时进行变革和创新，最终达到可持续发展的目的。

第二节　中外合作办学质量保障系统的生态环境

一、政治生态环境

中外合作办学随着我国教育事业的发展和教育国际化进程的推进而开展，党和国家非常重视中外合作办学的发展，明确提出了大力发展中外合作办学的意见，无论是国家方针策略，还是战略部署，均出台了中外合作办学的系列法规与政策文本。在国家教育政策的推动下，我国中外合作办学发展可谓一路高歌猛进，为促进中国高等教育的快速提升，增强高等教育的国际竞争力，满足人民对国际化、高质量的教育需求方面起到了不可替代的作用。但与此同时，我们也清醒地认识到，中外合作办学发展的关键政策还存在着诸多问题和困境。例如，中外合作办学的公私属性不清，定位不明等问题。中外合作办学是跨境教育在我国的主要形式。中外合作办学有机构和项目之分，其中，中外合作办学项目和不具有法人资格的中外合作办学机构（即二级学院）都不具有独立性，所以其性质取决于中方母体高校的性质。目前，大多数的中外合作项目和二级学院由公办高校举办和设立，因此它们的性质是公办的。那么，独立设置的中外合作大学在我国到底是公办高校还是民办高校呢？中外合作办学发展定位模糊不清，尤其是在对中外合办大学公私属性的界定上，这一问题尚处于政策真空，对中外合作办学的长远发展产生重要影响。

---

① 吴鼎福、诸文蔚．教育生态学［M］．南京：江苏教育出版社，2003.

比对《中外合作办学条例实施办法》（以下简称《实施办法》）与《中外合作办学条例》（以下简称《办学条例》）后发现，关于营利性限制和合理回报问题的表述是不一样的。在《办学条例》的全文中没有出现任何营利的字样，并没有就中外合作办学是否营利，是否可以取得合理回报作出规定。但是，在第三十九条中规定，"中外合作办学机构收取的费用应当主要用于教育教学活动和改善办学条件"。这是非常松的法律条款，它为后面的《实施办法》留出了空间。《实施办法》第二十八第二款规定，"中外合作办学机构不得从事营利性经营活动。"这确定它是公益性事业。同时在第二十九条中又允许它有合理回报，合理回报的方式按照《民办教育促进法实施条例》的规定执行。[①]

国务院颁布的《中外合作办学条例》强调，中外合作办学属于"公益性事业""中外合作办学收取的费用应当主要用于教育教学活动和改善办学条件"；教育部的《中外合作办学条例实施办法》规定，"中外合作办学机构不得从事营利性经营活动"，对于"要求取得合理回报"的中外合作办学机构则参照《中华人民共和国民办教育促进法实施条例》规定执行。

然而，教育的公益性和资本的逐利性之间存在深刻的矛盾。如果投资主体和办学主体一致，那么资本的逐利性和教育的公益性间的矛盾会被掩盖，反之矛盾就会凸显。对外方合作者而言，高等教育服务以贸易的形式进入中国市场，合作办学的实质是投资办学而非捐资办学，资本逐利的天性决定了合作的根本目的是通过经营教育，实现资本增值。因此，在公益性与非营利性之间，各利益主体存在价值错位，由此带来的利益博弈表现是：如果没有利润回报，寻求资本增值的投资者就会对合作办学失去兴趣；过分强调回报，又会损害教育的公益性本质。[②] 调查表明，不少实际办学者都反映，在审批和管理过程中"公益性"合作项目往往会得到比"要求合理回报"的合作项目更为宽松的办学环境和更多的政策支持，中外合作办学高校即使希望获得一定经济回报，也不愿提出"合理回报"要求。不愿提出"合理回报"的要求，不等于合作办学双方没有"营利性"的动机。高等教育中外合作办学的公益性原则与营利性动机之间的矛盾，导致中外合作办学成本难以"阳光核算"和经济收益"隐性化"等问题。[③] 我

①　张力等. 从战略高度研究中外合作办学［J］. 上海教育，2005（10）：4.
②　尤莉. 重释教育的公益性［J］. 中国电力教育，2008（11）：12-14.
③　林金辉，刘志平. 论高等教育中外合作办学的规范与引导［J］. 江苏高教，2007（6）.

国政策对中外合作办学公私属性和获取合理回报的态度模糊，影响了中外合作办学者办学积极性的提高。外方合作机构不确定合作利益能否得到保障，因此对合作办学持谨慎和审视态度；在已开展的合作中，外方投资态度也相对保守，更倾向于对人力资本、知识产权的投入，而不愿意进行大规模的资金投入。

二、文化生态环境

（一）价值理念因子

跨国高等教育具有经济、教育、文化、社会和政治等多重属性，各国发展跨国高等教育的基本理念和策略呈现多维动态性特征。① 根据联合国教科文组织（UNESCO）和经合组织（OECD）的阐述，跨国高等教育的理念和策略主要包括增进国际理解、发展人力资源、获得经济收益和加强能力建设四个维度。②

我国发展中外合作办学主要立足于加强能力建设，教育国际化的目标是要"适应国家经济社会对外开放的要求，培养大批具有国际视野、通晓国际规则、能够参与国际事务与国际竞争的国际化人才"③；中外合作办学的目标是"符合中国教育事业发展的需要，保证教育教学质量，致力于培养中国社会主义建设事业的各类人才"④；希望通过中外合作办学提高国际化人才培养水平，促进高等教育办学多元化发展，立足于对教育价值的诉求。

外方政府将获取经济利益作为跨国高等教育的根本目的，希望通过合作办学，将国内相对过剩的高等教育资源转化为可观的经济收益；同时，这一办学模式有利于扩大发达国家高等教育理念和模式在其他国家的影响，保持其在国际知识生产与分配网络中的主导地位。⑤

基于此，中方高等教育机构合作办学的主要价值诉求是：一方面以能力建设

---

① 顾新建．跨国教育发展理念与策略［M］．北京：学林出版社，2008：80.

② OECD Secretarial. Cross-Border Education：An Over-view［N］. Norway Forum on Trade in Education Services，2003-11-02（03）．

③ 教育部．国家中长期教育改革和发展规划纲要（2010—2020年）［EB/OL］．http：//www.moe.edu.cn/publicfiles/business/htmlfiles/moe/moe_838/201008/93704.html.

④ 国务院．中华人民共和国中外合作办学条例［EB/OL］．http：//www.gov.cn/test/2005-06/29/content_10930.htm.

⑤ 周虹，陈时见．高等教育中外合作办学的现实困境与发展策略——基于利益相关者的视角［J］．清华大学教育研究，2017（1）：32.

为核心，引进优质资源、提供办学质量、扩大机构影响；另一方面兼顾经济效益，通过资金引入和学费收入，弥补经费不足。而外方教育机构更为看重办学的投资回报和经济利益，"将跨境教育服务看作出口产业的重要组成部分，并在战略规划中明确追求出口利益，以及其他长远利益"①

从已有的中外合作办学机构和项目看，"采取创收策略出口高等教育服务的国家在跨境办学中，面临着质量管理和对当地消费者保护的挑战"。尽管一些跨国高等教育输出大国，如澳大利亚、英国等针对跨国高等教育质量颁布了若干实施准则和方针，但其对海外教育质量的监管主要依靠办学主体内部质量控制和办学自律。而对于以营利为主要目的的合作办学来说，其内部质量控制往往受制于成本—收益的考量而流于形式或自律阙如，"输入方和输出方之间可能存在利益冲突"。这种利益冲突造成了中外合作办学质量保障混乱的局面。

尽管国家层面一直强调基于引进优质教育资源的质量保障，但国内一些办学主体却"基于办学许可的稀缺性和时效性，导致办学项目或办学机构短期目标大于长期目标，营利目标大于质量目标，降低了对教育资源特别是优质教育资源的投入"；"不少学校把中外合作办学定位于学校其他办学活动的补充，当作创收的手段，把学校变成借国外教育资源拔高自身的渠道"。这种偏离国家政策主旨的办学定位，加上办学能力有限和国外优质教育资源供给的不足，影响了中外合作办学整体质量的提升，形成了中外合作办学的整体质量风险。

（二）质量文化因子

高校的质量活动要取得良好的预期效果，除"显性"的质量保障体系，即依靠先进的管理理论和质量监控的建立外，还必须依靠学校内在的精神动力，即质量文化建设这个"隐性"的管理体系。培育和发展质量文化是学校质量控制系统持续改进的必然要求。从根本上说，学校教育质量保障系统的所有努力，只有通过学校组织的成员积极自觉的行动才能取得预期的效果，而文化就是学校成员经长期实践所创造的并共同遵循的精神准则，是师生所持有的理想信念、价值取向、行为准则。学校文化指导着师生的价值取向和行为取向，使成员潜移默化地接受共同的价值观。因此，将质量的概念引入学校文化建设中，当质量成为组

---

① OECD, Internationalization and Trade in Higher Education. Opportunities and Challenges ［R］. Paris：OECD－Organization for Economic Co-operation and Development，2004：239-275.

织所有成员共同信服的价值，成为学校成员的内在追求时，学校教育质量保障系统才能真正发挥作用。显然建立学校质量文化，通过质量文化及其活动增强学校成员的质量意识，并在学校生活中影响人的精神取向及价值追求，这是学校教育质量保障系统的必然要求。①

教育质量意识是学校一切质量活动的前提和基础，是学校建立质量保障体系的动力源泉。它包括三个方面：一是质量战略意识，即把提高学校教育质量作为事关学校全局和长远发展的重大战略问题来谋划和组织的思想观念；二是质量竞争意识，即把学校放置于社会和人才市场的竞争中，树立提高教育质量就是学校参与这种竞争的根本思想；三是质量参与意识，没有全体人员的共同参与，学校的质量工作就无法落实，教育质量也就无法得到保障。②

在高等教育质量建设中，质量文化及其建设的重要性日益为人们所重视。如2009 年第二届世界高等教育大会呼吁培育质量文化；经合组织将增强全员重视教学质量提升的意识和文化作为教学质量提升项目的第一条，作为质量保障的重中之重；欧洲大学协会在 2002~2006 年、2009~2012 年分别实施了质量文化项目和质量文化检查，旨在把提高教育质量作为大学的共同价值追求和自觉行动，形成一种以持续提高质量为目标的文化；英国高等教育质量保障署强调，高等教育质量保障的责任主体是院校自身，并设立了质量文化评价标准，形成了一种内源性教学质量保障体系。③

在社会范围内形成以沟通、交流与对话为特征和核心的质量文化，才是从根本上提高高等教育质量的长久之道。换句话说，质量文化强调从文化角度来审视和处理质量问题，形成内在的质量意识，从质量问责走向质量合作，变刚性管理为柔性治理，变外在压力为内在需求。以质量文化为基础建立的质量管理模式强调，高等教育质量不是由专家实现和决定的，而是通过不断的开放式协商以及各利益相关者的积极参与而形成的。④

---

① 白磊．论学校教育质量保障系统及其运行机制［J］．教育探索，2006（9）．
② 山东省高等教育管理科学研究会编．科学发展观与高等教育管理［M］．济南：山东大学出版社，2006：132-133。
③ 教育部高等教育教学评估中心．2014 年度中国高等教育质量报告［M］．北京：教育科学出版社，2016：141-142.
④ 张应强．高等教育质量建设：创新体制机制与培育质量文化［J］．江苏高教，2017（1）：6.

三、资源生态环境

(一) 经费因子[①]

高校中外合作办学经费是指高校中外合作办学双方用于开展教学、科研以及其他活动而合理需要的资金。经费筹措是保证高校中外合作办学健康与可持续发展的重要因素之一。然而，从目前办学实践来看，保证高校中外合作办学健康、可持续发展的经费并不充足。

经费不足给高校中外合作办学的发展带来诸多不利的影响，阻碍了高校中外合作办学的顺利发展，甚至影响生存。

当前世界各国高等教育经费的来源一般有三个渠道：一是国家资金，即来自各级政府部门，按照学生的数量拨付的资金；二是社会资金，即由个人、企业组织和事业团体筹集的资金；三是学校资金，即学生的学费、科研经费、各种培训以及劳务收入等。

每个渠道都有制约性：其一，来自国家层面的经费支持力度不够。一方面，政府对经费的投入不足。我国公立高等院校经费筹措的主要来源是国家教育经费投入，由于国家总体投入的不足，高校中外合作办学更难获得政府的财政支持。另一方面，缺少银行贷款的优惠政策。为了有效控制近些年高校债务频发的局面，国家已开始收缩向高等院校提供优惠的银行融资政策，在一定程度上限制了高校中外合作办学教育经费的筹措之路。

其二，学生学费难以满足中外合作办学的可持续发展。高校中外合作办学是在缺少资金、设施和师资基础上建立起来的。办学初期主要依靠中外合作办学双方投入的资金或固定资产，而其日常运营和可持续发展所需的教育经费来源基本上依靠学生的学费收入。随着高校中外合作办学规模的逐渐扩大，学生学费难以满足高校中外合作办学的可持续发展，在一定程度上影响了高校中外合作办学的正常基础建设和教学水平的提高。

其三，通过社会服务的创收之路步履艰难。一方面，科研创收难度大。加大科研活动组织、开展科研合作和项目研究以及咨询功能开发等方面的建设力度，并取得科研成果的确能够为中外合作办学增加可观的收入。然而，科研并不是一

---

① 崔春，曹佩红. 高校中外合作办学经费筹措困境及破解策略［J］. 延边大学学报（社会科学版），2013（10）：134.

朝一夕的事，我国高校中外合作办学的创办时间一般都不长，学校的科研基地尚且需要投入大量的资金建设，因而根本谈不上可以获得科研成果转化与开发的收入。另一方面，校企合作经营尚需深入。校企合作经营是高校中外合作办学取得经费的又一重要途径。虽然我国一直倡导高等院校要积极探索产学研相结合之路，但大部分高校中外合作办学为社会经济服务的功能始终没有得到充分发挥。

其四，社会捐赠的良好环境尚未完全形成。社会捐赠是筹集社会资金办学的新型渠道，在一些发达国家，如美国和英国的不少高等院校，尤其是享有世界盛名的大学，社会捐赠不仅有着悠久的历史，而且是其经费来源的重要渠道。目前，我国已经涌现出一批为高等教育慷慨解囊、捐资助学的人和机构，如邵逸夫、王永庆、吉利集团等，但全社会的捐赠并未形成一定规模，很少有高校中外合作办学专门设立相应的机构来筹集和管理捐赠。

（二）优质教育资源因子

《国家中长期教育改革和发展规划纲要（2010—2020年）》明确指出，"办好若干所示范性中外合作学校和一批中外合作办学项目。探索多种方式利用国外优质教育资源。"[1] 引进国外优质教育资源，是中外合作办学的根本宗旨；对国外优质教育资源进行消化、吸收、创新以及本土化改造，是中外合作办学质量提升的必由之路。[2]

从目前的运转情况看，虽然引进国外高等教育的数量不断增加，但在质量上良莠不齐，总体水平不高。其原因主要在于：一方面，我国尚未建成完善、便捷的国际高等教育信息查询系统以及国外高等教育的资质和水平认证体系，对对方的资质难以进行全面考察和深入了解，出现信息不对称的状况，致使国外一些三流四流的大学或培训机构进入中外合作办学机构中。另一方面，我国一些寻求与外方合作的教育机构或培训机构可能会急功近利，匆匆地与一些外国教育机构进行合作，合作的意图是重视经济效益、外部影响甚于重视教育质量。另外，世界一流的大学和高等教育机构极为重视学校声誉，对质量控制的标准较高，加上它们不需要通过合作办学扩大其影响力，因此对合作办学的态度较为慎重，不会轻易输出优质的高等教育资源；在中外合作办学中所占比例较大的，往往是那些优质资源积累较浅，非所在国的顶尖院校，这些因素造成我国中外合作办学在资源

---

① 国家中长期教育改革和发展规划纲要（2010—2020年）［M］．北京：人民出版社，2010.

② 林金辉．中外合作办学基本规律及其运用［J］．江苏高教，2012（1）：47.

引进上的如下问题。

1. 优质教育资源引进不足

资源引进相对单一，合作对象以英语国家为主，前三位合作机构来源国（地区）为英、美、澳，合作办学数分别占总数的 20.6%、20.2%、12.7%[①]，体现出唯发达国家马首是瞻的倾向，忽视了对其他国家特色资源的引进。

2. 优质教育资源分布不均

东部地区由于高等教育资源相对充裕，更能吸引国外高校，引入优质资源，形成良性循环；中西部地区由于区域经济、教育发展相对落后，难以吸引到资源和投资。时间一长，形成资源引进中的马太效应，东西部教育差距进一步扩大，不利于教育的均衡发展。

3. 优质教育资源实用性和本土化不强

尽管在中外合作办学初期，我国政府十分重视对合作办学的审批与把关，但对于引进国外高等教育资源后如何有效地开发、利用和本土化，却缺乏配套完善的全程监管和评估机制，造成"重审批，轻管理""重拿来，轻消化吸收"的现象。有的学校在取得中外合作办学行政许可后，急于求成，识别与引进"关卡"不严，导致引进的教育资源不能很好地消化吸收，利用效率低下，国外教育资源"水土不服"[②]，加上资源改造与创新进展缓慢，境外教育资源很难与我国高等院校办学资源成功嫁接并实现"本土化"。

（三）办学条件因子

办学条件既是优化育人环境和教育过程，提高教学质量，实现中外合作办学职能和根本任务的重要前提和基本保证，也是评价中外合作办学水平的重要指标，实现中外合作办学可持续发展的重要基础。

中外合作办学机构和项目要为教学的正常运行提供充足的教学设施设备和条件，并建立起良好有序的运转体系。

中外合作办学的设施设备条件包括校舍、理论课教室、实习实训室、实习实训和信息化教学设备、图书信息资料等。目前，一些中外合作办学机构和项目片面逐利，为了节约办学经费，依托于举办的高校，享用学校现有的资源，对教学设施的投入非常有限，导致基础设施建设远远不能满足与日俱增的学生需求。另

① 周虹，陈时见. 高等教育中外合作办学的现实困境与发展策略——基于利益相关者的视角［J］. 清华大学教育研究，2017（1）.

② 林金辉. 中外合作办学基本规律及其运用［J］. 江苏高教，2012（1）：47.

外，中外合作办学的专业对实验室、模拟室的需求相对较大，教学设施不足导致学生实践能力差，无法将所学理论知识运用到实践中。

在合作办学过程中，办学机构和项目完善办学设施条件时需要按照发展规划和教育教学需要做好实习实训场地、设备以及信息化教学设备的使用、保管、补充、更新、维修或者升级，从而满足教师和学生进一步发展的需求，为教学活动提供便利、高效的服务。

第五章　中外合作办学质量保障生态系统的结构

第一节　中外合作办学质量保障生态系统结构概述

一、中外合作办学质量保障生态系统结构的内涵

结构是系统论的一个基本范畴，指系统内部组成要素之间在时间或空间方面的有机联系与相互作用的方式或顺序。任何系统都具有一定的结构，结构是系统保持整体性以及具有一定功能的内在根据，是系统的基础。只有系统的要素都按照一定的次序排列和组合，即系统结构处于有序状态时，系统的功能才最大。

生态系统结构是系统各组成部分（即系统内的因素）以及各组成部分之间比例关系的配置状态。生态系统结构包括两个方面：一是组成成分及其营养关系；二是各种生物的空间配置（分布）状态。具体地说，生态系统结构包括组分结构、时空结构和营养结构。其中，组分结构是指生态系统中由不同生物类型或品种以及它们之间不同的数量组合关系所构成的系统结构。组分结构中主要讨论的是生物群落的物种构成及量比关系，生物种群是构成生态系统的基本单元，不同物种（或类群）以及它们之间不同的量比关系构成了生态系统的基本特征。时空结构也称形态结构，是指各种生物成分或群落在空间上和时间上的不同配置及形态变化特征，包括水平分布上的镶嵌性、垂直分布上的成层性和时间分布上

的发展演替特征。营养结构是指生态系统中生物与生物之间，生产者、消费者和分解者之间以食物营养为纽带所形成的食物链和食物网，是构成物质循环和能量转化的主要途径。

生态系统结构体现了生态系统内各要素、各层次的相互联系和作用方式。结构保持了生态系统的稳定性，而稳定性程度不同的生态系统的结构会不同。一个具有复杂结构的生态系统的稳定性较高，复杂的生态系统一般具有有序的层次结构，高层次对低层次行为具有兼容性，当小尺度上低层次的结构受到干扰而出现非平衡性时，可转化为高层次的平衡性，这样就保持了系统的稳定性，使系统仍能正常发挥功能作用。复杂的生态系统的生物多样性较高，而生物多样性是保持生态系统稳定性的重要条件。这是因为，其一，生态系统的生物种类越多，各个种群的生态位越分化，食物链越复杂，系统的自我调节能力越强；反之，生物种类越少，食物链越简单，调节平衡的能力越弱。其二，生物多样性越高，能流、物流途径的复杂程度越高。生物种类多，食物网络复杂，能流、物流的途径也复杂，而每一物种的相对重要性变小，生态系统就比较稳定。因为当一部分能流、物流途径的功能发生障碍时，可被其他部分所代替或补偿。生态系统的生物现存量越大，能量和营养物质的储备越多，系统的自我调节能力就越强。其三，生态系统中的物种越多，遗传基因库越丰富，生物对改变了的环境就越容易适应。在一个生态系统中，生物总是由最适应该生态环境的类型所组成。通过自然界生物种内和种间的竞争，从中选优汰劣，使优良个体和种群得以生存和发展，不断推动生物的进化。其四，生物多样性保证了系统功能完整性及功能组分冗余。生态系统内生物成分与非生物成分之间的能量流动和物质循环具有反馈调节作用。当环境媒介中某种元素的含量发生波动时，生物可通过吸收、转化、降解、释放等反馈调节使生产率、周转率、库存量相应地得到调整，使输入量与输出量之间的比例达到新的协调。其五，生态系统越成熟，生物种类越多样化，信息传递和反馈调节能力越强，生态系统也越稳定。

中外合作办学质量保障系统的结构是各因素之间的联系形式以及各因素与外部环境诸因素之间的关系形式。中外合作办学质量保障系统的生态结构是该系统与生态环境之间的复合网络，在网络中通过物质、能量、信息的流动促进中外合作办学质量保障生态系统内部与外部环境的生态平衡。

二、中外合作办学质量保障生态系统结构的特征

中外合作办学质量保障生态系统是一种通过不断地与外界环境进行物质、能量、信息交换才能保持有序的耗散结构系统。耗散结构理论由比利时著名的物理学家、化学家普利高津（Ilya Prigogine，1966）提出来的。一个开放的系统，它可以不断和外界进行物质、能量、信息等交换，有效地减少内部熵增（熵增是一种自发的由有序向无序发展的过程），进而减小系统的总熵值，使系统从原来无序的状态达到某种有序的状态，这种新的、有序的结构被称为耗散结构。[①]

中外合作办学质量保障生态系统在其发展过程中，具备普利高津提出的系统形成有序结构的四个特征：

第一，中外合作办学质量保障生态系统的开放性。中外合作办学质量保障系统是一个高度开放的系统，体现在对外开放和对内开放两方面。一方面，通过对外开放，中外合作办学质量保障系统不断获取来自政府、学生及其家庭等利益相关者的各种资源，不断将资源、能量和信息输入系统中；另一方面，由于系统内部的开放性，中外合作办学质量保障系统内部各部门和各活动环节之间相互关联、互通信息、彼此制约，系统运作的动力及其功能的发挥、结构的演化都依赖内部的人才、资金、设备、信息、知识、制度等要素的关联和流动。

第二，中外合作办学质量保障系统的涨落现象。中外合作办学质量保障生态系统的涨落表现在自身需求和环境变化两个方面。中外合作办学质量保障系统为了自身的发展，需要利益相关者不断地投入互补的异质性资源，或不断有新的合作者加入以提供动力；若现有利益相关者所提供的资源不能满足发展需求了，则将有一个或多个主体脱离系统，系统的要素和边界即发生改变；同时，中外合作办学质量保障系统所处的政治文化环境、市场环境和政策环境的变化都会对其运行造成冲击，从而构成涨落现象。

第三，中外合作办学质量保障系统的非线性作用。中外合作办学质量保障系统内部的各子系统和要素间的关系是复杂的、非线性的，而并不是简单的因果关系或线性的依赖关系。中外合作办学质量保障系统的政府、办学者、社会组织、学生、家长等相互关联、彼此制约。由于利益相关者众多、层次结构复杂、目标

---

① 黄志勇等．基于耗散结构理论的军校研究生教育质量危机演化过程解析［J］．继续教育，2015（3）：61-63.

功能多样，输入中外合作办学质量保障系统的人、财、物等资源，与输出的人才培养、知识产品、社会服务等不是完全的简单线性正相关，而是多变量的非线性作用。

第四，中外合作办学质量保障系统远离平衡态。中外合作办学质量保障系统是一个远离平衡态的系统，体现在其静态构成和动态变化两方面：在静态构成方面，由于中外合作办学质量保障系统涉及政府、办学者、社会组织、学生、家长等许许多多的利益相关主体，各主体在投入资源、期望回报、组织能力等方面有较大差异，且系统内部各主体间以及与外界交换的知识流、信息流、资金流也随时在发生变化；在动态演化过程方面，中外合作办学质量保障系统要持续生存和发展，就要在提升教育质量和利益相关者的满意度等方面取得更多成效，这意味着中外合作办学质量保障系统不能满足并止步于某种平衡状态，而必须打破平衡谋求进一步的发展。

正如吴鼎福、诸文蔚（1990）所提到的"教育生态系统远离平衡状态的开放性，以及各要素之间存在的非线性作用，使得我们可以运用耗散结构理论和方法来研究它，借以获得教育生态系统的动态情况和有益的启示"①。

第二节　中外合作办学质量保障系统的基本结构

一、组分结构

自然生态系统是一定空间中生物群落和非生物环境的复合体，与自然生态系统相似，中外合作办学质量保障生态系统也包括生物群落和环境两大部分。

（一）生物群落

物种组成是决定群落性质最重要的因素，鉴别着不同群落类型的基本特征，群落研究一般都是从分析物种开始的。组成群落的各个物种在群落中的作用是不同的，根据生物群落中各个种的作用将其分为建群种、关键种等。其中，对群落结构和群落环境形成有明显控制作用的物种称为优势种，优势层的优势种常称为

---

① 吴鼎福，诸文蔚. 教育生态学［M］. 南京：江苏教育出版社，1990：93.

建群种，个体数量不一定很多，但却能决定群落结构和内部环境条件，是群落的建造者。群落中有些生物物种对维护生物多样性、群落的结构、功能、整体性和生态系统稳定性方面起着较大的作用，如果它们消失或削弱，可以导致其他一些物种的丧失，整个生态系统可能发生根本性的变化，这样的物种称为关键种。在中外合作办学质量保障群落中，不同的保障主体行使着不同的职责，发挥着不同的作用，因此可以将其成员进行相应的类别划分。

1. 中外合作办学质量保障群落的建群物种

政府是中外合作办学质量保障群落中一个重要的生态主体，在中外合作办学发展过程中扮演着重要的角色，政府组织及相关部门进行宏观调控，以全局的高度把握教育动态和发展方向，充分调动中外合作办学质量保障各主体的积极性和参与性，建立高效、严谨的中外合作办学外部质量保障体系。因而，政府组织及相关部门可以被看作是中外合作办学质量保障群落中的"建群物种"。在市场环境下，我国政府对中外合作办学管控的重点主要集中在入口资质的认证、运作过程的监管、出口质量的控制和法律法规的完善等方面。

第一，入口资质的认证。在入口资质的认证阶段，严格中外合作办学机构的审批和复核程序，建立了中央政府和地方政府两级入口审批制度。根据《中外合作办学条例》第十二条规定："申请设立实施本科以上高等学历教育的中外合作办学机构，由国务院教育行政部门审批；申请设立实施高等专科教育和非学历高等教育的中外合作办学机构，拟由设立机构所在地的省、自治区、直辖市人民政府审批。"《中外合作办学条例》第三十六条规定："申请举办实施本科以上高等学历教育的中外合作办学项目，由拟举办项目所在地的省、自治区、直辖市人民政府教育行政部门提出意见后，报国务院教育行政部门审批。"按照审批程序，拟举办机构或项目所在地的省、自治区、直辖市人民政府教育行政部门对申请材料进行审查并报送教育部，教育部受理相关材料后组织专家进行评议，为审批提供依据。教育部将审批的结果进行反馈。

第二，运作过程的监管，主要体现在由政府相关部门组织成立审查评估的专门机构，对中外合作办学机构或实施中外合作办学项目的机构，分别从招收学生方面、收费方面、课程设置与师资配备方面以及办学质量方面等进行具体运作与施行过程中的管理与监督。此外，为了对中外合作办学的运作情况进行监督和管理，《中外合作办学条例》及《中外合作办学条例实施办法》规定，中外合作办学的有关信息，每年都要向社会公布，并实施年度报告制度。

第三，出口质量的控制。出口质量的控制主要体现在两方面：一方面，对资质合格的中外合作办学机构或实施中外合作办学项目的机构颁发证书的认证，对未通过资质审查的中外合作办学机构，提出整改措施与实行退出机制，对未达标的中外合作办学机构和项目依法严肃处理，撤销其中外合作办学资格；另一方面，开展中外合作办学境外学历学位证书认证工作，对颁发境外学历学位证书合作办学机构或项目的学生，对其所获学历学位证书进行认证并出具相应的证书，保障学位证书的整体质量和水平。

第四，法律法规的完善。《中外合作办学条例》中的许多条款与快速发展的中外合作办学实践出现了不相适应甚至冲突的问题，如何明确《中外合作办学条例》中的模糊规定，如何补充《中外合作办学实施办法》中的空白，这些需要政府在今后的立法程序中进一步完善。尤其是到目前为止，国家尚未明确列出与中外合作办学有关的优惠政策，各省、自治区、直辖市中也未能及时出台能凸显地方特色、有所创新的配套实施办法。中外合作办学的政策和配套措施有待于进一步完善，相应的扶持和指引也应该更加及时和明确。①

2. 中外合作办学质量保障群落的关键物种

中外合作办学机构和项目是中外合作办学质量保障的直接实施者，对中外合作办学质量的提升和可持续发展起着决定性的作用，本书将其定义为"关键物种"。目前，影响中外合作办学机构和项目质量保障作用发挥的关键物种比较多，主要有以下几种：

（1）生源质量。

中外合作办学的核心是人才培养的质量，高质量人才的根本和关键是高质量生源。生源是高等院校中外合作办学的生命线，生源的数量和质量是影响中外合作办学教学质量的重要因素之一。

中外合作办学项目的生源质量有待提高。尤其是中外合作办学项目的招生录取，条件宽松，标准较低，造成生源质量总体水平不高。从招生方式看，中外合作办学分为国家统一计划内招生和计划外自主招生两种形式。多数计划内统招的中外合作办学项目招生录取分数线低于所属高校普通专业的录取分数。一些计划外招生项目，实际招生中低于招生简章的要求，降低批次录取；有些项目招生中

① 王红. 高校中外合作办学质量保障体系的构建与完善［D］. 内蒙古农业大学硕士学位论文，2011：13.

规定报考者高考成绩达到本科录取分数线就可以免试入学，其余报考者则需要单独参加一次考试，但组织的考试多为形式。尽管国家规定，实施外国教育机构学历、学位教育的，其录取标准应不低于外国教育机构在其所属国的录取标准，但很多项目达不到外方合作院校的录取标准。① 由于利益驱动，一些中外合作办学项目未能严格遵守教育部核定的办学规模或招生计划，擅自扩招，致使教育教学质量难以保障，学生合法权益受到损害。中外合作办学项目招生的标准降低，录取门槛低、超规模招生的现象导致生源质量整体偏低，制约办学水平的提高；而办学水平不高，又反过来影响生源质量，从而形成恶性循环。

（2）师资建设。

有学者认为，"大学教师质量的高低对学生的学习结果具有最重要的影响……从本质上分析，大学内部有关教学质量促进的政策、制度、组织、方法等都需围绕着改进与提升教师的教学态度、能力和行为等而加以制定、实施与展开"。② 现实中，很多中外合作办学项目师资不足，教师队伍无论是数量还是质量都无法满足教育教学的需求，严重制约了教学质量的提升。

从数量上看，外方机构派遣的教师在师资队伍中所占比重偏小，一些项目的授课教师中甚至完全没有外方派遣师资。外方高校派来的专业课教师很少，难以达到教育部规定的"外国教育机构教师担负的专业核心课程的门数和教学时数应当占中外合作办学项目全部课程和全部教学时数的 1/3 以上"③ 的要求；此外，中外双方派遣的教师中都有中外国籍的教师，经过统计发现，中国籍教师数量超过外国籍教师数量的项目比例达 82.2%；仅 17.8% 的办学项目外籍教师人数多于或等于中国籍的教师。④ 从质量上看，教师队伍的建设也没有得到充分重视。一方面，一些机构和项目的中方教师中"部分教师来自院系和社会上的临时招聘"，其他学院的教师需要承担自己所在学院以及中外合作办学项目中的教学，任务多负担重，难以保证有充裕的课余时间与中外合作办学项目的学生进行互动与交流；从社会上临时招聘的教师，工作责任心和教学能力都有可能存在与质量保障相矛盾的问题。另一方面，外方派遣来华教师则"并非来自外方合作

① 李阳.中外合作办学项目招生问题研究［J］.集美大学学报，2015（2）：60.

② L. S. Kaplan W. A. Oings. Teacher Quality, Teaching Quality and School Improvement［M］. Blooming-ton：PhiDelta Kappa Press，2002：56-100.

③ 教育部门户网站.教育部关于当前中外合作办学若干问题的意见［教外综（2006）5 号］［EB/OL］. http：//www. moe. gov. cn/publicfiles/business/htmlfiles/moe/moe_174/201006/ 8902l. html.

④ 李阳.中外合作办学项目质量发展研究［J］.黑龙江高教研究，2016（3）：22.

院校的教师，而是已经退休或者从社会上招聘而来；有的是在我国境内'就地取材'，寻找'外国脸'滥竽充数；很多外籍教师是语言类教师，外方高校派来的专业课教师偏少"。①

（3）学科专业。

当前，世界范围内正在孕育、兴起新一轮科技革命和产业变革，我国经济发展新常态也要求经济社会发展指向创新驱动，产业结构转型升级。我国高等教育能否培养大批创新型、应用型人才是经济社会发展提质增效的关键，也是我国由制造大国走向制造强国、创新强国和服务强国的决定性因素。高等教育中外合作办学作为培养高素质国际化人才的重要途径，必须密切结合国家、地方和区域经济发展对各类人才的需求以及学校学科建设的需要。然而，目前高等教育中合作办学在学科专业设置上与这一目标的实现仍有差距。

从现有中外合作办学的专业和学科分布看，新兴的学科和专业不多，学科门类设置单一，结构不合理、低水平重复建设现象较为严重。中外合作办学的办学专业涉及除哲学和军事学外的十大学科门类，主体是工学和管理学专业。以 852 个本科项目看，属工学、管理学的专业共占全部项目近60%；而在国家所亟须的诸如法学、医学、农学等专业比例过小，仅各占总体比例的 1%～5%，如表5-1 所示。②

表5-1　852 个本科中外合作办学项目专业归属学科分布情况

学科	数量（个）	比例（%）
工学	344	40.4
管理学	162	19.0
经济学	80	9.4
艺术学	79	9.3
理学	51	6.0

---

① 林金辉，刘梦今. 论中外合作办学人才培养的综合改革［A］//林金辉，鄢晓，薛卫洋. 中外合作办学与国际化人才培养［M］. 厦门：厦门大学出版社，2015：41-50.

② 薛卫洋. 质量建设进程中的高等教育中外合作办学——《基于高等教育第三方评估报告》的思考［J］. 中国高教研究，2016（2）：15.

续表

学科	数量（个）	比例（%）
文学	41	4.8
医学	40	4.7
教育学	21	2.5
农学	13	1.5
法学	11	1.3
其他	10	1.2

这种情况既反映出中国对经济、高新技术和管理等方面人才的需求，也反映了中外合作举办高等教育中存在一定的随意性和短视求利行为，缺乏长期和可持续的发展规划。

来华合作办学的大多数国外高教机构都倾向于与中国高校合作举办易于设立和运作，投资少、见效快，能够迅速打开和占领当地市场的实用性教育项目，对中国高校尤其是地方院校来说，部分办学者盲目跟风，不顾市场需求开设收效快的专业，导致同层次的专业设置过于集中，缺乏自身优势和特色。根据学者的相关调查①，2014 年 10 月，教育部高等教育司公布了近两年全国大学生就业率较低的本科专业名单（2011～2014 年），有 71 个中外合作办学项目开设的专业属于教育部公布的"黄牌""红牌"专业，占发展总数的 13%。学科专业的低水平重复设置，在一定程度上浪费了教育资源，阻碍了中外合作办学的多样化和全面发展，也违背了国家"鼓励在国内新兴和急需的学科专业领域开展合作办学"②的要求。

（4）课程设置。

课程设置是否合理，直接影响人才培养目标能否实现。中外合作办学机构和项目在课程设置方面还存在下列问题：

其一，一些高校中外合作办学项目开设的课程，无论是深度上还是广度上，

① 李阳. 中外合作办学项目质量发展研究 [J]. 黑龙江高教研究，2016 (3)：21.

② 中华人民共和国中外合作办学条例实施办法 [EB/OL]. http://www.moe.gov.cn/publicfil es/business/htmlfiles/moe/moe_162/200408/2544.html.

都与国际先进理念和前沿知识接轨不够。①

其二，对于中外合作办学的课程体系设计，教育部在 2006 年《教育部关于当前中外合作办学若干问题的意见》中提出："中外合作办学项目应当在中国教育机构内实施完整的或主要的教育教学过程……引进的外方课程和专业核心课程应当占中外合作办学项目全部课程和核心课程的三分之一以上；外国教育机构教师担负的专业核心课程的门数和教学时数应当占中外合作办学项目全部课程和全部教学时数的三分之一以上；引进的外方课程和专业核心课程应当占中外合作办学项目全部课程和核心课程的三分之一以上；外国教育机构教师担负的专业核心课程的门数和教学时数应当占中外合作办学项目全部课程和全部教学时数的三分之一以上。"然而，一些中外合作项目的课程质量现状差强人意，仍有一定的比例尚未达到国家规定的要求。统计结果显示②，引进外方课程门数占总课程数量达到 1/3 以上的标准的项目比例为 58.9%，有 41.1%的项目低于规定标准。引进外方专业核心课程门数占专业核心课程数量的比例达到 1/3 以上的标准的项目比例为 93.2%，有 6.8%的项目没有达到要求，甚至出现了引进外方核心课程门数的比例为 0 的项目，即没有引进外方核心课程。外方教师承担的专业核心课程门数占中外合作办学项目总专业核心课程门数超过 1/3 的项目比例为 76.7%，有 24.3%没有达到规定 1/3 的标准。外方教师承担的专业核心课程时数占中外合作办学项目总专业核心课程时数超过 1/3 的项目数量比例为 82.1%，另有 17.9%未能达到规定的 1/3 的要求。

其三，引进外方课程缺乏创新性和超越性。中外合作办学要培养符合中国经济社会发展需要的国际化人才，一味强调国外课程的全盘复制和照搬，强调"国外原版"和"国外原汁原味"，对中外合作办学引进国外优质教育理解不到位，忽视本土元素的融入，忽视国家和地方经济社会发展的具体实际以及课程结构和课程内容对学生、学科、社会的适应性和适用性，会因水土不服导致教学质量无从保障。中外合作办学在引进课程方面不能采取机械的"拿来主义"，需要加以本土化改造，在消化、吸收基础上进行利用和创新。

① 林金辉，刘梦今．高校中外合作办学项目内部教学质量保障基本要素及路径［J］．中国大学教学，2014（5）：64．
② 李阳．中外合作办学项目质量发展研究［J］．黑龙江高教研究，2016（3）：22．

（5）教学质量监控。

对教学过程的规划、调控与反馈，是保障教学质量的关键。中外合作办学机构或项目还要建立健全教学质量评价体系，并将评价结果用于改进教育教学质量。

"当前，中外合作办学机构和项目的教学评价主要由教师给学生做出，而对教师教学质量的监督却远远没有到位"。① 学生评教作为教学评价的方式，对高校中外合作办学教学质量的保障有重要作用。然而，一些中外合作办学机构或项目对于教学质量监控的重视程度不够，教学管理理念落后，学生评教这一环节，或处于缺位状态，或流于形式，导致对教师教学质量的监督不到位。

首先，中外合作办学机构和项目质量保障的先导是观念创新。很多办学机构和项目内部的教学质量保障力度不够，基础薄弱，归根结底在于办学机构和项目的内部教学质量保障更多受到外力的牵引及推动，而非内在发展的需求和动力。观念的不足与缺失，中外合作办学者缺少主动承担教学质量保障的责任意识，加上对内部教学质量保障体系的认识不到位，往往以偏概全，实践中存在一些模糊认识，将内部教学质量保障体系等同于高等教育评估体系，或者对于内部教育质量保障体系的构成层次缺乏足够认识，不了解内部教育质量保障的内容和维度，因此建设工作的目标和方向不明，很难形成具有自身特色的教学质量保障体系。

其次，中外合作办学机构和项目在质量保障的制度建设、组织建设等方面，还存在较大的改善空间。大多数高校都建立了诸如教学检查制度、领导听课制度、教学监督制度等一系列的教学质量监督制度，但与之相配套的改进性制度，如定期的评估及其反馈制度，学生和教师的申诉制度等，缺乏或不够完善。此外，目前的教学质量评价标准缺乏弹性和发展性指标，重课堂教学评价，轻课外教学和学习活动的评价，重结果评价，轻过程评价，教育质量标准的科学性和合理性有待提高。在组织建设上，目前，中外合作办学机构管理的架构与内部质量保障相关的监控机构不够完善，各机构间存在职责不明、关系不清，导致保障程序不能有效运作，办学水平无法达到预期水平。此外，部分质量保障机构和项目或专职人员缺乏，或工作经历和经验不足，缺乏专业培训，无论是从机构的组织，还是从人员的安排看，不足以支持整个学校的质量保障活动。

---

① 林金辉. 中外合作办学教育学 ［M］. 厦门：厦门大学出版社，2011：131.

中外合作办学机构或项目的质量评价体系应涵盖内部质量保障的各个方面，既要有对办学政策和资源配置等方面的监控和调整，也要有对教师教学质量和学生学习效果的评价与反馈，既要有院系开展的教学工作的评估与反馈，也要有专业性的评估与反馈。①

3. 中外合作办学质量保障群落的关联物种

中外合作办学质量保障群落中，有一些主体，如社会中介组织、学生、家长、企业单位、社会公众等，它们参与、影响着中外合作办学质量的各个方面，本书将这些主体定义为"关联物种"。为了更好地实现中外合作办学质量目标，应当加强对这一类型主体利益要求的考虑。

（1）社会中介组织。

社会中介组织是中外合作办学质量保障体系中的重要组成部分，也是质量保障过程中不可或缺的重要力量。随着政府权力的逐渐下放，具有行业性或中介性的独立组织开始承担一些具体的执行性职能，同时应加强学校的自律，维护教育系统的和谐。社会中介机构的产生和发展能够帮助政府转变职能，提高社会大众包括用人单位、学生、家长以及相关专家对中外合作办学质量保障活动的参与度和关注度。根据中外合作小学在我国发展的现状，由政府拨款组织建立一个独立于政府之外，既不受政府控制，又不脱离政府，与政府密切配合的半官方性质的中介机构，是中外合作办学监管的一个发展趋势。第三方机构接受政府的评估和认证委托，对中外合作办学质量体系的各个方面进行科学有效的评估，能在政府对教育的宏观调控中发挥一定的作用。同时，政府的间接指挥也在一定程度上保证了中介组织的权威性和可靠性。评估机构接受各方面委托，提供以下各项专业服务：①对申报的中外合作办学机构/项目进行审批前评议；②对中外合作办学机构进行质量保证体系审核；③开展对中外合作办学机构/项目的办学质量和社会声誉的评估；④向社会公布中外合作办学的质量信息。② 社会中介组织质量保障的重点应立足于中外合作办学的办学定位、人才培养目标、教育支持环境和条件，资源供给与配置，学生、教职员工及其办学主体各方权益保护监控，教育方式、教育理念和教育手段、办学风险等，主要通过对中外合作办学

---

① 郭丽君. 中国跨国高等教育质量保障体系研究［M］. 北京：社会科学文献出版社，2014：143.
② 李亚东，江彦桥. 跨境教育的本土质量保障与认证：上海的探索［J］. 教育发展研究，2006（8A）.

的评估与认证、各类学术与专业学科能力评价、信息咨询服务、财务审计等来实施。[①]

（2）学生和家长。

学生是中外合作办学质量保障不可忽视的重要主体。高等教育成本分担机制的全面推行，使高等学校与学生的关系发生了深刻的变化。学生不仅是受教育者，还是高等教育的消费者、出资者与受益者，是高等教育服务的使用者、参与者和共同生产者。[②] 作为中外合作办学中数量最多的生态主体，绝大部分学生希望通过"不出国的留学"，接受语言、思维、能力的国际化训练，提高跨文化环境中的学习和生活能力，为下一步出国做准备，表现为对高质量师资、先进教育教学方法和理念、跨文化交际能力等的诉求。[③] 同时，学生的切身利益还与中外合作办学的质量休戚相关。办学质量的好坏直接影响到学生的知识、能力水平的提高、将来在就业市场的竞争力、收入水平的高低，甚至未来的发展前景。中外合作办学事关学生的根本利益，其根本目的是满足老百姓日益增长的对高质量教育的需求。中外合作办学必须适应和服务于学生的发展和成长，这是中外合作办学可持续发展的重要保证之一。[④] 此外，学生家长也是中外合作办学的支持者。学生在选择高校时，家长的意见往往具有重要作用，尤其是作为中外合作办学这种新型学校来说，具有高收费、办学理念和教育教学方式新颖等特点，与其他普通高校相比，中外合作大学的学生家长承担了更多的学费支出。学生家长通过关注学校发展的过程，把握学校发展的现状，与大学良性沟通互动。

（3）企事业单位。

企事业单位是中外合作办学的人才输出的主要对象，因此，对中外合作办学院校的学生能力及教育质量有着最客观和最公正的发言权。当前，社会经济处于转型发展时期，尤其在经济全球化的背景下，知识创新日新月异，社会用人单位尤其是企业对中外合作大学及其毕业生适应社会需求提出了更高要求。当前中外

① 郭丽君. 中国跨国高等教育质量保障体系研究 [M]. 北京：社会科学文献出版社，2014：158.

② 饶燕婷. 利益相关者视野中高等教育质量保障多元主体探析 [J]. 大学研究与评价，2009（7）：21.

③ 周虹，陈时见. 高等教育中外合作办学的现实困境与发展策略——基于利益相关者的视角 [J]. 清华大学教育研究，2017（1）：33.

④ 林金辉. 中外合作办学的规范、健康、有序 [N]. 人民日报，2010-8-28.

合作大学重视并加强与企业界的合作，校企互动较为友好与频繁，一些中外合作办学机构，如东北财经大学萨里国际学院、上海理工学院上海—汉堡国际工程学院等，设置了专门的部门负责校企交流。校企之间的交流与合作，有助于加强中外合作办学机构与企业在人才培养、科研开发、企业培训、学生实习与就业等方面多维一体化的合作，具体表现为：①中外合作大学与企业界以及社会其他部门的联络互动，有利于促成国际化人才培养与就业上岗无缝对接。②中外合作大学与企业界互相参与管理，双方的人员交流紧密结合实践，促进学校学科建设的发展，使学校的教学、科研、人才培养能更好地适应国家经济建设的需要和社会的需求。总之，企事业单位参与管理，会在院校的质量保障方面发挥外部监督的作用，为院校的质量保障建设提供切实可行的建议。

（4）社会公众。

中外合作办学质量保障中，社会舆论发挥着不可替代的作用。社会大众对中外合作办学中的一些现象和问题的看法，通过报刊、电视、网络等传统媒体和微博、微信等自媒体平台的反映，给中外合作办学机构和项目一种无形的压力，促使院校对舆论媒体反映出来的问题加以重视并积极解决，以维护自己的声誉和形象。积极利用社会舆论对中外合作办学机构和项目的质量进行监督，是现在社会不容小觑的监督手段。舆论监督体系建设主要涉及两个方面，一方面是官方信息公布平台的建设，另一方面是社会公共舆论监督体系的构建。教育部已经设立中外合作办学监管工作信息平台发布中外合作办学的监管信息，对中外合作办学实施动态监控。信息化平台的建立，一方面为政府在合作办学过程中进行宏观的质量管理提供渠道，另一方面为教育机构进行微观的质量管理提供指导。同时，能够帮助学生和家长了解中外合作办学所提供的课程计划和办学特色。但是，信息监管平台尚存在许多不足之处，如网站的信息发布存在滞后性的问题，不能及时发布最新的动态和信息；信息的披露不完全透明等问题，在一定程度上不能满足公众的需求。同样，在社会公众舆论监督系统的构建方面，也存在合作办学的信息透明度不够等问题，中外合作办学公共平台应该注意及时更新信息，同时提升信息的可靠性和可信度，听取公众意见，获取公众反馈。

（二）非生物环境

环境是生态系统中生物赖以生存的物质和能量的源泉及活动的场所。各种环境因子是潜在的生产力，虽然环境自身不能构成产品，但生物却能够从环境中获得其生存所需的物质和能量，因此环境的优劣直接影响生物群落的存在和发展。

本书研究的中外合作办学质量保障系统的生态环境，主要包括政治环境、文化环境和资源环境。其中，政治生态环境包括中外合作办学质量保障的政策因子和法律法规因子；文化生态环境包括中外合作办学质量保障的价值观念因子、质量文化因子等；资源生态环境包括中外合作办学质量保障的经费因子、国外优质资源因子、办学条件因子等。

二、营养结构

从生态学可知，生态系统中的生物群落不仅有一定的组成，而且必须"具有一定的营养结构和代谢各级"。食物链和食物网是其中最基本的营养结构。在生态学中，食物链（Food Chain）指生物群落中，各种生物彼此之间由于摄食的关系所形成的一种线状联系[1]。生态系统中有许多食物链，各种食物链并不是孤立的，它们往往纵横交织，紧密结合在一起，形成复杂的多方向的网状结构。这种多个食物链交织在一起，互相联系而成的网叫食物网（Food Web）。生态系统越稳定，生物种类越丰富，食物网也就越复杂[2]。

对中外合作办学质量保障系统来讲，质量保障的各个主体与生态环境之间通过相互作用形成质量保障生态链，进而构成中外合作办学质量保障生态系统的营养结构。

在中外合作办学质量保障生态系统中，质量保障的各个主体与生态环境之间相互影响、相互促进。无论是教师、行政人员、学生等内部利益主体，还是政府、用人单位、校友、家长、中介组织、媒体等外部利益主体，都平等地嵌入中外合作办学质量保障系统中，政府及教育行政部门是引导和推进中外合作办学健康、持续发展的重要力量；办学者不断完善自身管理和运作，强化能力建设；社会中介组织、企业单位、学生、家长等社会各界对中外合作办学起着重要的监督和评价作用。中外合作办学质量保障各主体通过质量保障这一活动，交流互动、协商合作，同时与生态环境进行多维互动，促进了系统内外的良性信息、物质和能量循环。

---

① 李振基. 生态学 ［M］. 北京：科学出版社，2007.

② http：//baike. baidu. com/view/35282. htm.

第三节　中外合作办学质量保障系统的治理结构

一、治理结构的内涵

（一）治理与教育治理

1. 治理

治理是指各种公共的或私人的机构和个人管理其共同事物的诸多方式的总和，它是使相互冲突的或不同利益得以调和并且采取联合行动的持续的过程。

治理的概念和理念最先在企业管理和公共管理中被理论化，后来逐步渗透到政治、经济、社会、教育等各个领域，主要涉及政府治理、公司治理、社会治理、大学治理等。由于公司治理的某些知识具有普适价值，公司治理的理论为大学的治理实践提供某种借鉴。

《辞海》对管理一词的界定主要包括三个方面的内容：①负责某项工作使顺利进行；②保管和料理；③照管并约束（人或事物）。因而管理之意，主要在于"管"和"理"上，在"理"的基础上进行"管"，在管的支配下更好地"理"从而最终促成目的实现。而治理的内涵，通过前面的分析可以知道，治理重在"共治"，并实现"共理"，是一种持续性的公共管理活动，因而两者之间在某些方面有一些共通性。

管理与治理两者虽一字之差，但各自包含了不同的内涵和外延。两者的区别主要表现在如下几方面：第一，两者的目的不同。管理的目的仅在于既定目标的实现；治理的目的在于多元利益主体之间利益的均衡实现和利益的最大化。第二，两者权力运行方向不同。管理通常是自上而下地进行，权力运行方向主要是一种垂直的方向；治理的权力运行方向通常是多样化的，既有自上而下的运行，也有自下而上的运行，还有平行运行。第三，两者的运作模式不同。管理的运作重在管，通过强制的、刚性的手段而达到预期目的；治理的运作重在治，通过民主的、合作的手段而实现共同的目的。第四，两者运作过程的持续性不同。管理重在目的的实现，若既定目的达到，管理的行为便可停止，有时根据具体情况也可继续往复；治理是一种过程性存在，追求的是公共利益的最大化实现，在持续的过程中追求"精益求精"，因而这种过程往往是持续而不间断的。第五，两者的科学与民主程度不同。管理决策的做出往往取决于管理主体单方面的意愿，管理决策的科学和民主性不够高；治理的决策往往是基于治理主体的共同利益，通过民主协商，在达成广泛的共同意识的基础上所做出的决定。

2. 教育治理

教育治理是指国家机关、社会组织、利益群体和公民个体，通过一定的制度安排进行合作互动，共同管理教育公共事务的过程。在我国，治理和教育治理已经具有一定的政策基础、实践基础、研究基础，推进教育治理与过去教育改革思路一脉相承，与简政放权、教育行政职能转变、建设现代学校制度等一致，是对一直在进行的教育管理改革的深化。

教育治理的优越性在于多元主体的民主参与。在教育治理的框架下，各种不同的教育利益诉求能得到充分表达，教育决策、教育政策与教育立法得到充分讨论与论证，并从政治生态上消除了人治显性或者隐性存在的可能性。因此，教育治理具有显著的民主化、法治化、理性化（科学化）特征，是教育管理现代化的重要表现。在教育治理体系中，国家机关、社会、公民不是对立对抗关系，而是致力于共赢善治的联动合作关系。

教育治理的价值目标在于形成"高效、公平、自由、有序的新教育格局"，其中，"高效"包括高效能和高效率。教育治理的价值目标包括教育效能、教育自由、教育公平、教育效率、教育秩序五个方面。教育治理是共治主体依据规则开展的教育管理活动，涉及管理的多主体、多层级、多因素、多环节。多主体包括政府、学校、社会组织以及教师、学生、家长等公民个体；多层级包括中央政府、多级地方政府、学校、班级等多个管理层次；多因素包括教育规划、课程管理、教学管理、经费管理、人员管理、质量保障、督导评价等多项管理内容；多环节包括计划、决策、执行、控制等多个管理流程。可见，教育治理体系是一个非常复杂的管理体系，既涉及纵向与横向，也涉及宏观与微观。但其核心是哪些主体能参与治理，以及参与治理的多个主体在哪个管理层级上、在哪些管理内容上、在哪些管理环节上具有决策权。

（二）大学治理与治理结构

李福华等（2015）在《论大学治理与大学管理的协同推进》一文中指出：大学治理与大学管理在目标、导向、主体、客体、实施基础、沟通方向等方面都存在着显著区别。大学治理的目标是实现大学各利益相关者责权利的平衡，而大学管理的目标是实现大学的教学、科研、社会服务等水平和质量的提高；大学治理重视战略导向，而大学管理是任务导向；大学治理的主体是大学的利益相关者，而大学管理的主体是管理者；大学治理的客体是人和组织，而大学管理的客体是人、财、物、信息等资源；大学治理主要依靠契约与法律等制度规范，而大学管理主要依靠内部的层级关系、行政权威和学术权威；大学治理主要体现为一种自上而下和自下而上的双向关系，而大学管理主要体现为自上而下的单向关系。① 韩呼生（2008）认为，大学治理是一个广泛而综合的过程，它不仅包括教育行政管理与教学质量管理，还包括通过学术和行政管理机构、资金与产权结构、督导评估机构等的合理设置与安排，形成一个有效的大学内部运行机制，既要体现政府委托办学、宏观调控、微观放活的办学思想，又要体现大学学术自由、分级管理、校院系相对独立的办学模式。从结构上来看，大学的治理可以分为外部治理结构和内部治理结构两大部分。外部治理主要是指大学接受政府和社会的监管和约束，即教育行政主管部门对高校有集中领导权，社会对大学进行监督，并通过舆论等间接的方式对大学管理施以影响。大学内部治理涉及党委、行政和学术机构的协调运作，处理好大学与各学院（系）之间的关系。②

治理是构建秩序，治理结构则是一种制度安排，在这样的制度安排下，潜在的冲突得以避免，共同的利益得以实现。玛格丽特·布莱尔（Margaret M. Blair）认为，治理结构实际上是一系列的规则，"这一系列规则的重要性在于，它们决定着每一个参与者所享有的控制权、收益权和所承担的风险是否匹配，以及谁在什么状态下实施控制，如何控制，风险和收益如何在不同企业成员间分配等这样一些问题"③"大学的目标和理念一定要通过一整套的制度安排来实现，这些制度安排就是治理结构"。④ 大学治理研究的是用什么样的制度安排来保证大学目标和理念的实现问题，而大学理念必须在一定的大学治理结构下才可能真正得以实现。甘永涛（2007）认为，大学治理结构是对各种治理要素按一定规则的排列组合，治理要素分为外部治理（市场）、内部治理（大学）和第三方治理（政府），大学治理结构的规范化和科学化要求将大学治理建立在协调、谈判、民主、效率、交互作用的基础上，而不是政府强制的基础上，大学治理结构要形成

①　李福华等. 论大学治理与大学管理的协同推进［J］. 高等教育研究，2015（4）：28.
②　韩呼生. 完善我国大学治理结构的思考［J］. 中国高等教育，2008（20）：49.
③　郑成琳. 剑桥大学治理结构研究［D］. 华中师范大学硕士论文，2011.
④　张维迎. 大学的逻辑［M］. 北京：北京大学出版社，2004：52.

政府、社会、大学各自独立、相互制衡、权责明确、运转协调的关系框架。① 从这个意义上说，大学治理结构反映了大学中各利益群体之间的相互关系，它通过权力的合理配置来维持这种关系的平衡，以保障大学的有效运行，进而实现大学的办学宗旨。

鉴于以上分析，大学治理结构的概念应区别于大学治理的概念，大学治理结构指相对静态的职能定位，而大学治理不仅包括相对静态的结构、职能定位以及关于结构和定位的制度化和非制度化安排，还包括不同主体之间相互作用的互动关系，是一种决策机制和权力制衡机制，是动态的过程。大学治理是一个广泛而综合的过程，必须以一定的治理结构为基础。大学治理结构既是一定社会历史环境的产物，也是大学利益主体相互作用的结果。

二、中外合作办学质量保障系统治理结构存在的问题

（一）外部治理结构存在的问题

1. 政府制度供给和监督保障不够有力

我国建立的中央政府主导型跨国高等教育质量监管体系，在确保国家主权、维护政府权威和保障学生权益上的确能起到很好的作用，但在提高和改善质量方面显得心有余而力不足，主要表现在制度供给和监督保障两个方面。

（1）政府制度供给不力。

质量是中外合作办学的生命线，提高质量是一项系统性、综合性极强的工程，涉及多方利益关系的重新调整，而修订法律法规是质量保障最根本的制度建设，增添与质量有关的法律元素能够建立起推动质量提升的教育体制机制。政府应及时完善政策法规，使这些政策法规及时有效地发挥约束和引领作用，从而引导中外合作大学健康发展。目前，尽管国家和地方颁布了一整套密切关联的法规与政策规范中外合作办学，但由于我国中外合作办学的实践先于立法，现有法律法规大多针对实践中出现的问题而制定，有些条款与中外合作办学的发展现状、国际国内法规出现了不适应和相冲突的问题，这些问题未能与时俱进，都需要政府在以后的立法程序中及时修订与完善。如要明确《中外合作办学条例》中较为模糊的规定，补充和完善《实施办法》中的空白之处。在制定和完善相关法规政策时，要注意与现行法律如《高等教育法》《民办教育促进法》等的衔接和

---

① 甘永涛. 大学治理结构的三种国际模式 [J]. 高等工程教育研究，2007（2）：72.

配套。要详细解释配套政策细则，进一步明确"合理回报"问题，进一步阐述
"优惠扶植政策"等相关规定，使政府更好地为中外合作办学外部质量保障提供
更为可靠的政策支持。要将中外合作办学"走出去"战略作为一项重要内容加
入相关法规中，用法律手段进行规范。近年来，中外合作办学走出国门成为发展
的新趋势，我国不仅引进国外优秀的教育资源，也开始了将国内优秀的教育资源
出口国外的步伐。① 同时，地方法规相对滞后。在省市一级，凸显地方特色、不
回避难题、有所创新的配套实施办法还相对滞后，这为中外合作办学的规范运行
和有效管理带来了不便。此外，我国关于跨境教育的立法仅限于国务院和教育部
颁布的部门法规，大多为"条例""通知""意见"等，统一协同性不够。在管
理政策方面，有法不依、执法不严、行政代替法治情况较为突出，出现超范围办
学和低质重复办学的现象。②

　　中外合作办学评估尚缺乏系统性、整体性、协同性的质量保障制度设计及其
落实机制。开展对中外合作办学的质量评估是规范中外合作办学管理，提高中外
合作办学质量，促进中外合作办学健康发展的主要手段。尽管《中外合作办学
条例》和《中外合作办学条例实施办法》等文件对中外合作办学的日常监督和
质量评估都作了较为明确的规定，即要求各级教育行政部门对中外合作办学机构
加强日常监督，组织或者委托社会中介机构，对中外合作办学机构的办学水平、
教育质量进行评估，并向社会公布评估结果。但在中外合作办学质量保障过程
中，评估工作多由政府主导，以院校自评为主，政府予以审核并组建专业人士考
察与提交评估报告，其间缺乏有效的社会监督，也尚未构建专业、规范和完全独
立的第三方中外合作办学质量评估团体。这种状况的出现，究其原因主要在于：
一方面，由于长期形成的直接管理模式影响，政府及教育行政管理部门未能充
分发挥社会中介组织或者其他第三方机构的评价作用，尚不愿主动将中外合作
办学质量评估工作委托给相应评估机构；另一方面，一些社会中介机构由于行
业自律性不强，欺诈、逐利等不规范行为对中外合作办学质量产生了较大影
响，其评估的客观性和有效性受到公众质疑。另外，有资质对中外合作办学进
行评估的社会中介机构为数不多，政府也未对这些中介机构的资质水平进行评

---

① 赵彦志，孟韬著．中外合作办学质量保障体系研究［M］．大连：东北财经大学出版社，2015，
136-137．

② 刘尔思，车伟民，黄镇海．我国跨境教育的现状与监管体系构建的路径选择［J］．教育研究，
2010（9）．

估认证。

2010 年，教育部启动中外合作办学评估，评估对象主要聚焦于到期机构和项目，基本建立了比较成熟的合格性评估指标体系和评估制度。2016 年，国际司对到期评估满 5 年的机构和项目进行定期评估试点，是一次有益、有效的尝试与探索，但尚未形成制度性机制，容易存在"漏网之鱼"，大部分未被抽评的办学单位依法依规办学的意识可能会被削弱，持续改进的动力也将减退。[①] 同时，对于评估机构的法人地位、设立的必备条件、应履行的必要程序以及评估活动的规范等，缺少针对我国教育评估机构相应的管理制度设计与安排。此外，外国教育评估机构近年来中国开展教育认证，但由于价值观、意识形态等方面的差异，他们的评价标准不能照搬照抄，对此法律上要有相应的条文和要求等加以限制。[②] 中介评估机构、社会媒体、用人单位及学生家长对中外合作办学质量保障工作的参与较少，导致中外合作办学不能综合考虑社会各界相关主体的利益及对高等教育培养人才的需要，未能从多个角度对高等教育的质量进行评估，往往造成评估工作粗放、评估结果简单、评估效果不理想等问题。

（2）政府监管乏力。

目前，在中外合作办学质量保障过程中，我国政府针对中外合作办学在入口阶段（入口审批、许可备案）、过程阶段（年审、复核以及评估、信息发布）和出口阶段（学历学位证书认证）实施了一系列保障与监管措施，但仍然存在一些不足，具体表现在以下几个方面：

其一，入口审批标准不够全面。在中外合作办学的入口资质审批与复核中，专家组对中外合作办学机构和项目的申请评议发挥着重要的作用。专家组评议为中外合作办学项目的审批提供依据。然而，在合作办学审批中，具体审批的标准是什么、到达什么标准、如何保障质量等，行政审批没有足够的依据和要求。同时，中外合作办学项目的申报评议指标体系需要进一步修订和改进。应依据中外合作办学法规和政策，在原有管理指标、学术指标和特色指标的基础上提炼、增加关键指标，作为对中外合作办学的关键性评价，主要针对中外合作办学的办学材料完整性、真实性和办学的合法性，其中包括合作学院资格的合法性、学历和

---

① 林梦泉等．新时代中外合作办学质量治理体系构建理论与实践探究［J］．中国高教研究，2020（10）：9-15.

② 江彦桥．基于第三方评估的上海中外合作办学认证十年实践探析［J］．中国高教研究，2017（4）：82-86.

教育内容的合法性、合作协议的法律规范、优质教育的引进和使用、学生学籍管理的合法性、中外学位授予的合法性以及合作办学资金管理的合法性等。关键指标中的任何一项有显著不符合之处，均可作为否定该项目申请的依据，即一票否决制。①

其二，过程质量监管不够到位。我国政府对中外合作办学监管的方式，即"重审批、轻管理"是一种常态。也就是说，注重入口的行政审批，相对轻视市场准入后的过程监管与效果监管，尤其是对中外合作办学的招生、收费、财务运作、教学质量保障、教育资源引进的保证以及证书认证的工作等方面，政府的监管力度明显不够，在一定程度上处于只批不管、放任自流的状况。② 一方面，由于审批方式的灵活性和弹性不够，审批效率不高，政府需要审批的项目太多，光忙审批都忙不过来；另一方面，政府监管的权力过于集中，且专业化的监管人员缺乏，对学校自身力量和社会监管的力度运用不足，导致各级政府中外合作办学管理的人员配备和水平、技术方法和执行能力等都不尽如人意，对中外合作办学的招生宣传收费、财务运作、教学质量保障、教学资源引进的保证，以及证书的认证工作等方面，政府的监管力度明显不够，一定程度上处于一种只批不管放任自流的状况。尽管中外合作办学虽然实行年度报告或年审，但由于各级政府中外合作办学管理的人员配备及水平、技术方法和执法能力等局限，审批机关对上交的年度报告，往往无法进行认真细致的审核和及时有效地反馈信息，造成年度报告和年审沦为形式上的监督，缺乏实质有效的约束力，影响了监管的质量和效率。教育行政部门的行政执法和监管处罚落实不够，中外合作办学过程中的虚假宣传、违规收费、产权纠纷、财务管理混乱、滥发文凭等非法违规问题，难以依法有效查处和严惩，不利于中外合作办学的健康发展。另外，由于各级政府监管资源的有限性，导致各级政府间监管的信息未能得到及时有效地分析与整理、交流与共享；国际上跨境教育监管的信息掌握有待于加强，国内外合作监管交流渠道也需进一步拓展。

其三，监管机制不够规范。中央与地方，行政部门与学校以及社会之间缺乏系统协调的合作监管机制，致使政府监管的权力过于集中，学校自身力量和社会力量运用不足，中央与地方监管的职责不清，关系不明，在中外合作办学的入口

---

① 赵彦志，孟韬. 中外合作办学质量保障体系研究［M］. 大连：东北财经大学出版社，2015：135.

② 郑海蓉. 中国跨国高等教育质量保障体系研究［D］. 华中科技大学博士学位论文，2013：95.

资质环节、过程质量控制环节、出口质量保证环节，以及处罚与责任追溯环节等方面，造成监管缺失或监管乏力，导致中外合作办学中一系列问题的出现。因此，中央与地方，行政部门与学校，社会之间要建立起规范协调的合作监管机制，针对不同类型、不同层次的高等教育中外合作办学，借鉴跨国教育中建立有效质量评估体系的成功经验，制定相应的质量评估标准与评估机制，并实行全过程的动态质量监测。同时，通过有效的信息反馈、沟通、交流以及信息的公开与发布，克服合作办学中信息不对称或不透明的现象。除发挥已经设立的信息网和信息平台的作用外，办学机构自身也要定期向社会发布教育质量报告，接收来自学生、教师、用人单位和社会大众的质量反馈。此外，在质量评估的基础上，对违规办学、损害教师和学生合法权益的中外合作办学机构和项目依法予以严惩；对不合格的项目应责令其限期整改，整改不力或整改后仍不合格的应按有关程序有序退出①。

2. 社会力量参与不足

社会力量的参与主要是指保障公众的信息知情权及监督权，这两种权利实为一体两面的关系，没有知情权就谈不上行使监督权。作为政府与学校之外的第三方主体，社会公众、中介组织、校友、用人单位等各类社会力量能够以其自身的优势参与中外合作办学质量管理与监督，不仅能够促进办学院校的规范性，还能对办学质量的效果进行评估和反馈。

家长、校友、企业和社区等主体参与治理缺乏制度化、组织化和科学化的渠道和模式，各方参与治理的深度及权力的范围尚不明确。从办学院校看，由于中外合作大学诞生时间不长、毕业生数量不大、学校重视程度不同等原因，中外合作办学院校与学生家长、校友的关系互动性不强，学校校友管理联络部门等开展活动方式较为简单，主要集中在校园开放日活动或其他纪念活动组织，这方面的管理与服务需要加强。从企业、学生家长和校友们自身来说，他们的参与意识不强、法律意识淡薄，且缺乏表达意愿、参与治理的平台，依靠自身的力量尚不能有效参与治理。此外，中外合作办学院校与企业的科研协同发展、服务发展等方面需要进一步努力。院校与企业关系不紧密导致教育信息不对称问题严重，学生社会实践机会匮乏导致所学知识的有效性和应用性不足。

---

①　林金辉，刘梦今 . 论中外合作办学的质量建设［J］. 教育研究，2013（10）：72-78.

（二）内部治理结构存在的问题

1. 中外合作办学章程有待完善

依法治校是"依法治国"理念在教育领域的具体体现，是建立新时代中国特色现代大学制度的根本依据。高校要实现依法治校，不仅需遵守国家法律法规，也需遵守学校内部规章制度。中外合作办学大学章程是学校的宪章，是办学最根本的规范性文件，是其他规章制度的基础和依据，在规章制度体系中具有最高权威。《中外合作办学条例》等政策法规中明确了大学章程的重要作用。中外合作办学章程包含的要素有与公立大学章程相似的地方，也有其章程要素的特殊性。对有关中外合作办学大学章程规定的法律法规进行对照分析，从纵向和横向分析中外合作办学大学章程内容要素，无论是从纵向上的要素，即包括决策机构、执行机构、教学机构等在内的学校各组织管理机构部门的设置，还是从横向上的要素，即包括学校的办学理念、师资引进、民主管理和监督的形式、学校资产来源和性质、财务、审计、产权管理制度、办学者是否要求取得合理回报、章程制定、修订程序等学校重要事项，都存在不够完善的现象，制度建设进程有待进一步提高。

2. 组织机构设置不够健全

要达到良好的治理，需构建一个合理的内部治理结构体系，而构建内部治理结构体系需要依托组织机构。组织机构承载着内部治理运行，组织机构设置得当，会推动内部治理的平稳运行，反之则会产生妨碍作用。

在组织机构的设置中，专门的监督机构是不可或缺的。在权力运行的过程中，仅仅依靠权力主体自身的自律来约束权力是远远不够的，还需要监督体系的他律来约束和规范权力的行使。中外合作办学院校中，缺失对学校的联合管理委员会成员、校长和院长等主要负责人的执行职责过程进行监督、对联合管理委员会等机构的实际决策和执行过程进行监督的专门机构，导致学校权力的监督出现滞后性和隐蔽性。

此外，民主管理和民主监督也是大学治理体系至关重要的组成部分，民主管理和民主监督理应是全方位、全员参与式的管理，其中，理所应当包含教代会、工会、学代会等参与学校民主管理和民主监督的组织。教职工代表大会具有参与和监督作用，广大教职工，尤其是教师代表，对有关学术事务进行讨论、评议、建议的权利在一定程度上得到了组织的保证，但由于高校民主管理组织比较薄弱，缺乏整体系统设计，活动程序和作用机制不完善，行政干预过大等问题十分突出，影响了学术民主管理作用的发挥，更多扮演提供信息和咨询的角色，距离真正参与决策和监督相差甚远。作为大学中最大的利益群体——学生，他们希望实现个人发展的同时，通过"不出国的留学"，接受语言、思维、能力的国际化训练，提高跨文化环境中的学习和生活能力，为下一步出国做准备，表现为对高质量师资、先进教育教学方法和理念、跨文化交际能力等诉求。而在质量保障的现实中，学生参与治校的实现路径并未明确，没有形成组织化、制度化的方式，学生群体在大学治理中尚处于缺位状态。

3. 学术权力与行政权力关系失衡

近年来，关于高校治理中"去行政化"的讨论与分析越来越为人们所关注。《国家中长期教育改革和发展规划纲要（2010—2020）》提出要"探索建立符合学校特点的管理制度……逐步取消实际存在的行政级别和行政化管理模式""探索教授治学的有效途径，充分发挥教授在教学、学术研究和学校管理中的作用"。目前，我国中外合作办学机构和项目多以高校二级学院的形式存在，治理安排受中方母体院校影响较大，以行政权力为主导的治理特征较为明显。①

历史上，我国一直属于集权性国家，高校是集权体系中的一部分，这种情况，至今仍然没有根本性转变。从总体上说，中华人民共和国成立以后我国高校的内部管理，基本上依靠行政权力管理学校，学术权力的作用没有得到很好发挥，学术权力与行政权力的关系失衡。当前，行政级别和官本位在大学管理中占重要地位，在许多高校，行政权力代替学术权力、行政管理代替学术管理、行政群体代替学术群体的现象长期存在。一些行政人员凭借手中权力控制学术组织、占据学术资源、充当学术角色，以行政身份衍生学术身份、以行政职务提升学术职务、以行政手段获取学术成果，玷污了学术之圣洁，造成了学术秩序的混乱和学术管理的庸俗化。这种过度的行政集权、越位和泛化，造成了行政权力与学术权力的激烈冲突，导致学术权力与行政权力之间的矛盾。一方面，学术权力过多地受到行政权力的干预，学术权力机构的职能和活动的开展受到制约；另一方面，学术权力又设法渗透行政管理职能，通过行政管理获取更多的学术资源。

三、中外合作办学质量保障系统治理结构的生态化

中外合作办学质量保障系统是一个既有分工又有协作的有机整体，以生态理

① 赵彦志，孟韬. 中外合作办学质量保障体系研究［M］. 大连：东北财经大学出版社，2015，10.

念为指导，建构生态化的合作办学质量的治理结构，有利于克服中外合作办学质量保障过程中面临的困难，走出困境。

所谓中外合作办学质量保障系统治理结构的生态化，指的是中外合作办学质量保障系统中，多种不同的治理主体在时空上的分布和数量上的组合达到自然、协调、和谐。要实现这种状态，必须运用生态学的基本原理和方法，解决合作办学质量保障过程中存在的矛盾和问题，推动系统形成比较完善的治理结构，更好地适应系统内外环境的变化，为系统功能的有效发挥奠定良好的基础。

（一）重构外部治理结构

1. 强化政府制度供给与监督保障

中外合作办学政策性强，影响大，社会关注高。政府应及时完善政策法规，使这些政策法规及时、有效地发挥约束和引领作用，从而引导中外合作大学健康发展。

首先，要具体明确中外合作大学准入标准。一方面，准入是落实国家加大对外开放战略的重要环节，决定着一流资源在地区、领域的布局和规模；另一方面，准入是把握申请新项目和机构的办学基准、责任担当的第一关口，是事中监管、事后退出机制质量保障的根本依据。在外方院校引进方面，应从国际和地方实际需求出发，引进优质高教资源，以此适应国家及地域产业发展不同需求，形成百花齐放、联动发展的有利局面。受主办方精力、资源等因素的影响，在审批时要考虑对方院校实际可投入的教育资源与办学规模相匹配。此外，合作的外方教育机构的层次、学科领域水平是合作办学准入的重要因素，因此，建议寻求合作层次接近的对象，考虑聚焦本校特色学科群。

其次，政府部门要转变角色。在治理现代化语境和叙事逻辑上，政府不再对大学发展，尤其是学术发展拥有绝对控制权，而是作为调停者、中介者、监督者、评估者的角色帮助公民表达并满足和实现社会教育需求。[①] 我国正在加快建设服务型政府的步伐，政府成为社会服务型政府，并非否认政府在治理过程中的重要地位，而是破除"全能政府"的藩篱，重新界定政府在治理中的活动范围。政府从微观管理领域退出，聚焦于宏观调控，将管理权限定位在教育发展规划、政策引导、监督等方面，为治理提供保障和监督。市场经济的高度发展要求高校

---

① 张东，张绍荣．"放管服"背景下大学外部治理路径选择［J］．现代教育管理，2018（4）：7-12.

办学自主权的扩大，政府职能的转变是适应社会主义市场经济深入发展的需要，政府的主要职能必须厘清，尽早实现从管理向治理的转变。政府应发挥宏观政策资源和经济杠杆优势，变直接干预为过程督导、质量监测与办学评估，为中外合作办学自主权的落实提供更为有利的外部环境。政府的注意力、重心必须尽早转移，必须将原来由教育行政部门承担的教学质量评估权剥离给有条件的专业评估机构承担，引导、鼓励和支持评估机构，开展对中外合作办学的第三方评价。教育行政部门要加强对评价机构的监管，善于运用第三方专业机构的评价结果，提高依法治教水平。

2. 加强社会力量的参与

社会参与治理是教育领域一项增量性改革。社会公众、中介组织、家长、媒体、行业企业等独立于政府和办学者的社会力量，不仅能够促进院校办学的规范性、办学的多元化和管理的多样化，更能对其教学质量进行效果评估和反馈。政府要加强引导，切实支持社会组织发挥外部评估和监督作用。应以政府为主导，强化社会主体责任，明确其角色定位和专业职责，充分重视社会力量参与教育治理的作用，鼓励和引导社会各利益相关者参与办学。

其一，应在教育部设立的中外合作办学监管工作信息平台、信息网的基础上，通过设立微信、微博、论坛等，进行多样化的舆论监督。

其二，发挥中介组织在评估中的作用。评估或认证机构等对办学情况能够进行较为全面、客观的评判。独立于政府和院校的社会第三方机构，其调查研究的数据和质量报告的结果相对客观，能够反映政府和院校在中外合作办学中的不足，进而服务于政府的教育决策以及协助院校的质量改进。同时，社会第三方机构的培育，还能形成政府—社会—院校三方平衡制约的机制，防止某一方的独断专行和自由涣散，协同促进中外合作办学的发展。引导和培育第三方评估机构参与专业性服务，把握治理重点，为实施高效管理提供科学建议和专业保障。政府要创造条件，促使社会第三方机构扩大规模，并进一步完善相应的政策法规对第三方机构赋权，保障民间性质的社会第三方机构在质量监测和质量评估过程中应有地位和规范化发展。加快培育与国际上教学评价惯例接轨的第三方评价机构，可尝试引进国际权威的评价中介机构，开展对中外合作大学的第三方评价，充分发挥第三方机构质量鉴定、信息反馈和协调沟通的重要功能。同时，应积极推动国际教育交流协会等中介组织开展的中外合作办学认证，鼓励院校参与相关专业的国际认证，确保办学质量的稳定提升。

其三，重视用人单位、合作企业的作用。当前，社会经济处于转型发展时期，尤其在经济全球化的背景下，知识创新日新月异，社会用人单位尤其是企业对中外合作办学院校及其毕业生适应社会需求提出了更高的要求。协同校企力量，让用人单位、合作企业深入参与到人才培养方案制定、教学和实训过程中，这样才能培养出既符合自身培养目标又迎合企业用人需要的人才。

其四，争取校友的支持。校友是学校发展的宝贵资源和财富，可以为学校发展提供资金支持，也可以作为母校和社会有效沟通的连接和桥梁，提供精神和舆论支持。中外合作办学院校要将高度重视校友的办学理念植入到中外合作办学中，使中外合作办学在创办之初，就把校友工作作为一项战略工作来抓。因此，中外合作办学院校要不断建立完善校友信息库，通过各种形式加强与校友之间的沟通联系，举办各类活动，如校友聚会、座谈、演讲，收集和听取校友关于办学实践和人才培养过程的意见。

（二）完善内部治理结构

1. 完善中外合作办学章程

"法治并非法律、法规的简单累积，而是有着特定价值追求的社会组织模式。只有法律奠定于客观规律基础之上，社会各系统的运转才能按照既定的目标模式运行"。① 大学章程是高校内部最核心的规章制度，是高校内部的母法和上位法，大学章程是完善高校内部治理结构的法律依据，需在大学章程的框架下，构建以章程为核心的大学制度体系。在加强中外合作大学章程规范化建设的过程中，总体上应坚持以《高等教育法》《中外合作办学条例》《中外合作办学实施办法》为依据，以《中外合作办学暂行办法》为参照进行建设，但也应考虑到中外合作大学的特殊性，在章程部分内容的把握上给予一定的弹性。

首先，章程是外界跟学校之间沟通的桥梁，是让社会了解学校的窗口，中外合作办学有区别于传统大学的自身特色，中外合作办学必须树立科学的办学理念、目标，将富有自身特色的办学理念写入章程中，让社会能够通过章程中的办学理念，更加深入地了解学校的办学情况，从而引导学校良好发展。

其次，中外合作办学章程内容的确定，应充分考虑不同利益相关者的权益，既包括政府、社会公众等外部利益相关者，也包括学校管理者、行政人员、教师、学生等内部利益相关者；尤其应该规范工会、教代会、学生会等组织、委员

---

① 夏锦文，蔡道通．论中国法治化的观念基础［J］．中国法学，1997（5）．

会的权利职责，同时明确体现师生的各项权利义务，因为这涉及师生的各项权益，是调动全体教职员工、学生们积极参与章程制定与实施的基础，也是章程实效得以实现的强大基础。

再次，中外合作办学章程的内容需进一步明确决策层和执行层的权力和责任，厘清政治权力、行政权力、学术权力和民主权力之间的职责权限、作用范围等，并对各权力机构的成员构成、产生方式、决策程序及规则等进行明确界定，要通过法理的约束，自动形成各司其职、各负其责、各尽其能的和谐运作机制。

最后，时代发展和社会进步带给中外合作办学的影响越来越广泛和深入，学校的管理中必然要碰到许多新事物和新问题，章程不是一经制定就完美无缺，章程需要与时俱进，适时对章程进行修订完善必不可少。因此，领导者和管理者在修订完善章程时，必须坚持理论创新和与时俱进，及时收集反馈信息，实时修订完善章程，不断发现与高校实际发展过程中一些不适应的问题，进而完善这些问题，实现与学校的发展同步，为指导治理学校发挥实际作用。

2. 科学合理设置组织机构

目前来看，最能实现民主，使参与中外合作办学各方面均有话语权的是委员会制度。根据办学需要，设立联合专业委员会、教学委员会、管理委员会和联合管理委员会等，各个委员会根据需求融合管理与学术各方，各司其职。其中，联合专业委员会由外方高校教学负责人领导，成员由来自中外双方的专业负责人、中外双方教学人员、外方质量监控官员及各年级学生代表组成。联合专业委员会的主要职责是保障各专业的教学质量，定期向机构教学委员会、外方质量保障认定小组和学务委员会、中方教务办公室和教学测评研究中心就教学情况和教学质量汇报工作。教学委员会由外方高校教学负责人领导，成员由来自中外双方的专业负责人、中外双方教学人员、外方质量监控官员、IT 等教学辅助部门人员及各年级学生代表构成。教学委员会的主要职责是监督各专业的教学质量，确保中外双方协定的质量准则得以妥善实施。教学委员会负责向机构管理委员会、外方质量保障认定小组和教学任务小组、中方教务办公室和教学测评研究中心就教学情况和教学质量汇报工作。管理委员会由中外合作办学机构负责人领导，成员由外方教学负责人、中外合作办学机构的各级领导和外方质量监控官员构成。管理委员会的主要职责是执行联合管理委员会的决策，负责机构的日常运作和管理，并定期向联合管理委员会汇报教育教学质量管理工作。联合管理委员会是中外合作办学机构的最高决策机构，根据中外合作办学机构的性质，由中外双方高校委派校级代表构成。联合管理委员会代表中方高校、外方高校及中外合作办学机构三方利益，主要行使行政管理、预算规划、人员聘用等职责，并协商解决中外双方提出的与学位项目相关事宜。①

同时，学校建立监事会，监事会组成人员应具有多元化，学校师生也应是监事会的成员。监事会主要对学校的联合管理委员会成员、校长和院长等主要负责人的执行职责过程进行监督、对联合管理委员会等决策过程进行监督。监事会应明确自身监督权力，依据学校章程行事，做到不揽权、不越权，对学校其他事务不进行主动和直接干预。监事会与联合管理委员会等组织机构的地位平等，不存在隶属关系，与这些组织机构互不干预和影响。

此外，学校需从章程中明确教职工代表大会的民主监督作用，从制度层面明确教职工代表大会的职责和权限，从而构建多元监督体系，确保学校权力在监督下运行。②

3. 平衡行政权力和学术权力

鉴于目前行政权力泛化和学术权力弱化的问题比较突出，应当适当提升学术权力，限制行政权力，取缔行政一统化管理，优化行政权力与学术权力配置，对行政权力和学术权力各自发挥作用的领域和范围进行科学界定，使学术权力与行政权力形成相互渗透而不重叠，既相互配合，又相互制约。因此，平衡行政权力与学术权力的重点工作如下：

第一，应淡化高校的行政级别，追求办学的科学性、民主性和实效性③；要通过制度设计给学术权力以应有的地位和权威，要建立强有力的学术与民主组织，防止行政权力干预学术权力的合理行使，或行政权力主体无视学术权力的作用，脱离学术权力的支配而行使行政权力，甚至以行政权力替代学术权力，让学术权力和民主权力能独立有效地开展工作，并逐渐成为学校管理的主要权力。此外，强化行政服务意识，消除行政管制思想，行政人员要把服务放在首位，想方设法为师生提供优质服务。

① 刘文慧. 高校中外合作办学机构内部质量保障体系构建研究［J］. 教育评论，2018（5）：58-62.

② 胡小琪. 北京师范大学—香港浸会大学联合国际学院内部治理结构研究［D］. 暨南大学硕士学位论文，2020.

③ 袁贵仁. 现代学校制度——逐步取消行政级别和行政化管理模式［N］. 中国教育报，2010-03-01（2）.

第二，权力重心下移，扩大基层民主权，充分发挥一线专家教授作用[①]。要强化专家教授及学术组织参与学校决策的权力，特别是要加强学术决策制度的建设，充分发挥教授治学的作用。教授治学不仅意味着以教授为核心的学者群体在大学内部，对学校的教学科研、学科建设、教学管理、专业发展、科研成果评估等事务具有绝对决策权；同时意味着这一学者群体在大学内部有关学术从业人员的准入、聘任、评价、权利、义务、责任以及职业道德规范等领域应具有一定的审议决策权。此外，教授治学还意味着以教授为核心的学者群体应致力于具有学术自由精神、学术探究热情、求真创新品格等特质的学者个体和学者共同体的培育、激励和规约；以及在事关学校发展方向、战略、人事、经费等重大事项具有一定的咨询、审议和决策权。[②] 因此，要实现教授治学，首先，需要在高校强化法治思维，使之与具体的法治方式相结合，共同构筑教授治学的法治保障机制；其次，需进一步完善学校的大学章程和规章制度，明确学术组织的权威地位、权责关系等，为建立合理的学术组织体系提供保障；最后，需建设与专门委员会相配套的工作机制，包括对学术组织成员的产生方式、决策程序规则和激励机制等，确保学术组织的高速运转。

4. 强化多元主体的共同治理

生物多样性是生命系统的基本特征，是地球生物圈稳定、有序、进化的基础。生物多样性最重要的生态价值是具有生态功能。生物物种的多样性与生态系统的稳定性呈正相关的关系，对于某生态系统而言，它的生物种群数越多，生态系统的网络化程度就越高，异质性就越强，物质、能量和信息输入输出的渠道就越密集，补偿功能和代谢功能就越健全，即使受到损坏，也能进行较快的自我修复。因此，生态系统的物种越多，生态系统的稳定性、有序性就越强。而稳定的生态系统对于人类的生存和发展以及自然和社会的可持续发展至关重要。此外，在自然生态系统中，每一种生物物种之间具有相互依存和相互制约的关系，它们共同维系着生态系统的结构和功能。生物群落结构越复杂，生态位越多，生态系统就越稳定。生物物种一旦减少，生态系统的稳定性就会遭到破坏，人类的生存环境就会受到影响。

同样，在中外合作办学质量保障生态系统中，治理结构生态化的基础和前提

---

① 程斯辉. 中国近代著名大学校长办学的八大特色［J］. 高等教育研究，2008（2）：83-89.

② 赵凤娟，毕宪顺. 依法治校背景下教授治学的机制改革［J］. 教育研究，2018（6）：80-85.

是治理主体多元化，其对于系统的和谐稳定、健康运行至关重要。因此，在中外合作办学质量保障的过程中，优化治理环境，培育多元主体，各治理主体在相互作用中共同健康成长，有效发挥作用，实现多元主体的共同治理。

同时，在中外合作办学质量保障生态系统中，不同的治理主体是平等的、不可或缺的，不同的治理主体如同自然生态系统中生物个体或群体一样，具有不同的生命特征、生长发育规律或演替规律，应遵循每一个治理主体的个性特征和发展逻辑，任何一个治理主体一旦消失或失去作用，将打破力量的平衡，危及系统的稳定。

高等教育本身是一个汇聚着多元利益的场域，作为有外方高校参与的中外合作办学，其利益主体更为多元。我国很多高校实行的是自上而下的科层式管理模式，很大程度上忽略了中外合作办学具有多元利益相关者的性质，要想完善内部治理结构，需充分平衡不同利益相关者的权益，获取多元利益主体的认同、参与和支持。教师与学生作为质量保障措施的践行者和直接受益者，是教学质量保障的主干力量，只有教师和学生参与，教学质量保障的措施在执行中才能发挥预期的效果。因此，教师和学生的利益诉求及建议应该得到满足和采纳，充分调动教师和学生的积极性及创造性，才能确保质量保障的针对性和有效性。在学校内部，学校的教师、学生的权益主要是通过工会、教代会、学生会的形式来保障，即便是在中外合作办学院校内，他们的权益也应同样受到重视。《高等教育法》虽然明确规定高校通过以教师为主体的教代会等组织形式，依法保障教职工参与民主管理和民主监督，但在实际运行过程中，教代会作为教职工参与学校民主管理和民主监督的重要组织形式，职能弱化，职权虚化，参与民主管理和监督更多的是流于形式，发挥的作用相当有限。而学代会作为学生权力实施和维护的机构，在治理权力体系中，长期处于缺位的状态。因此，通过制度规定教师和学生的职责，保障教师和学生的合法地位和决策权力，维护权力运行的科学、规范、有序，让他们参与到学校重大行政事务决策中。一方面，支持广大教职工参与民主管理和决策，促进教师实质性地参与到治理中来。在行政事务中，可通过建立教师与行政人员之间的协商对话机制来扩大教师参与，如互动性协商——会议互访（大学行政的会议邀请教师和学生代表列席，听取他们的意见和建议）、咨询性协商——任务小组（不只是反映民情、征集意见，还能利用教师的技术专长，充分发挥其智囊团作用，提高决策方案的科学性）、开放性协商——校务公共论坛（利用互联网技术提供的便捷通信和网络治理空间，就大学内部公共校务事件让师生广泛参与）等。① 另一方面，加大学生的参与力度。学生既要通过座谈、网络论坛、电子邮件、微信等渠道集思广益，又要避免学生因知识层次、专业素养而产生认知不协调，更需要让学生代表参与到相关的各类委员会中，如教学委员会、校企合作委员会等，并形成学生权益部等维护学生利益的团体，由此将学生参与监管的方式组织化与制度化。② 此外，应该充分调动外方教育机构参与内部教学质量保障的积极性，尽管部分国家的高等教育质量保障机构已在我国境内开展一些中外合作办学项目的质量保障活动，但都属于外部质量保障活动，难以替代内部质量保障，尤其是在中外合作办学机构和项目内部教学质量保障的思想指导、制度设计、措施制定和队伍建设等方面，如何发挥外方教育机构的作用，是值得探讨的问题。

①　郭卉. 如何增进教师参与大学治理——基于协商民主理论的探索［J］. 高等教育研究，2012（12）：26-32.

②　孟韬. 基于网络治理理论的中外合作办学质量保障体系研究［J］. 高教探索，2017（7）：22.

第六章 中外合作办学质量保障生态系统的功能

中外合作办学质量保障生态系统具有一般生态系统的基本功能，如能量流动、物质循环和信息传递，同时也有其特殊功能：导向功能、诊断功能、监督功能、调控功能。中外合作办学质量保障系统在其良好的生态功能的前提下，实现其高效的特殊功能。

第一节 中外合作办学质量保障生态系统的基本功能

一、能量流动

能量是生态系统的动力，是一切生命活动的基础。一切生命活动都伴随能量的变化，生态系统的重要功能之一是能量流动。

中外合作办学质量保障生态系统的一切活动都要依靠各种形式的能量来维持。要维持系统正常运转所需的能量主要有自然能、食物能、电能、资源能等。自然能主要指太阳能、风能、水能等起源于地球物质作用的能量，要想维持质量保障生态系统的基本状态，必须要有自然能的输入。高校师生在生活中需要消耗大量的食物能量，同时，在工作和学习中更离不开电能，不仅需要生活照明用电，而且很多的教学设施、仪器设备都需要电能来驱动。

资源能即教育教学资源，是质量保障生态系统的特殊能量输入，在系统中具有特殊的地位和作用。如通过国外优质教育资源（教师、课程体系、教学方法和手段、管理模式和经验）的合理引进、吸收和转化，改变了学校的办学理念，提高了管理水平，改善了办学条件，最终形成中国特色的教育体系，培养一大批能够满足我国社会经济发展需求的劳动者，促进我国教育事业的发展。

办学是一种高投入的社会公益事业，校园占地、校舍建设、基本办学条件、运动场地和设施等的建设，需要大量资金投入。资金的缺乏，首先，会直接导致学校存在基础设施建设不足问题的出现，影响高校正常教学的开展；其次，影响着学校教师队伍的建设，进而影响到学校的教学质量；最后，会直接影响学校的竞争实力，导致学校无法吸引生源，从而陷入发展的恶性循环，影响学校的生存。中外合作办学机构和项目要有稳定多样的收入来源，才能够为学校和项目的运行、发展筹集到充足的资金。财务运算要制定综合教育教学、学生服务和硬件设施建设等活动，以便整体推进教育目标的实现。

《高等教育法》对我国教育经费体制作了一个总体的规定，即以政府的财政投入为主渠道、以其他渠道为辅助渠道的多元化教育经费投入体制。为解决和制止教育乱收费，教育收费立法拟将各类教育区别对待，对不同类型的学校教育制定不同的立法条例。对于民办学校和中外合作办学经费来源，其渠道主要有学校经营收益、捐赠、收取学费、政府及地方公共团体资助。

第一，政府投入。当前世界各国对高等教育的财政投入呈现出多元化的趋势，但政府的财政投入仍然是中外合作办学的主要经费来源。从实际的办学情况看，政府财政拨款在中外合作办学发展的程度和深度中发挥着主导性作用。随着中外合作办学自主权的不断扩大，教育办学经费的渠道随之不断拓宽，财政拨款占整体学校经费的比例呈逐渐下降趋势。但在现行教育的体制下，政府的投入仍然是中外合作办学经费的主要支撑。此外，很多中外合作大学的后期运营保障很大程度上依赖地方政府的投入。

《中华人民共和国中外合作办学条例实施办法》第一章第四条明确规定"享受国家给予民办学校的扶持与奖励措施，教育行政部门对发展中外合作办学做出突出贡献的社会组织或者个人给予奖励和表彰"。各级政府要加大资金投入力度，拿出一定的教育经费对中外合作办学高校进行扶持。同时，各级政府应制定相应的优惠政策，编列预算和设立基金，对办理成绩卓越的中外合作学校予以奖励。

第二，科研收入。科研收入主要包括通过承接科研项目、开展科研协作、转让科技成果、进行科技咨询所取得的收入和其他科研收入。加大科研活动组织、开展科研项目合作和科研成果开发等方面的建设力度，学校不仅利用科研成果进行创收，更会提高学校的知名度，可以达到吸引更多生源的目的。然而科研并不是一朝一夕的事，我国中外合作办学高校建设时间较短，其师资力量十分有限，难以承接较大的科研项目。学校的科研基地尚且需要投入大量的资金来建设，况且研究科研成果还需要强大的资金支持和长期的实践。这些都并非是中外合作办学高校能够在短期内克服的困难。

第三，学生学费。学生及其家庭是学校教育的直接受益者，承担一定的教育成本，这是当今世界各国教育的共同特征。学生的学费是高校维持学校日常运作和可持续发展所需经费的重要资金来源。中外合作办学的办学模式不同，中外合作办学项目的学费收入是多样的，但中外合作办学高校却存在学费收入支配受限问题。虽然中外合作办学投入的教育成本高，很多学校需要通过提高学生的学费来收回成本，但由于高等教育属于准公共产品，学生的收费标准涉及民众的生活和社会的稳定以及教育的公平性，往往会根据教育部和国家发改委的规定，结合市场的需求以及实际的办学成本，制定相应的具体标准的学费。

第四，社会捐赠。社会捐赠是指自然人、法人或其他社会团体出于爱心，自愿无偿地向公益性社会团体、公益性非营利单位、某个群体或个人捐赠财产进行救助的活动。学校生态系统的社会捐赠包括校友捐赠、企业捐赠和其他社会捐赠。[1] 社会捐赠的意义，就捐赠者个人而言，不仅实现了社会价值，提高了社会地位，而且赢得了社会的认同；就企业而言，捐赠行为一方面为企业与高校在科研、教学和人才培养等方面建立了良好的合作关系，另一方面扩大了企业的知名度，为企业带来了更多的利润。社会捐赠是筹集社会资金办学的又一新型渠道，当代西方高等教育发达国家，由社会向高等教育机构筹集教育经费已成为高等教育机构教育经费来源的一个重要渠道。但目前我国全社会来共同捐赠高等学校的环境尚未形成一定的规模。[2]

进入中外合作办学质量保障生态系统的各种能量，通过系统中的人群组分、环境组分的综合因素，最终转化成各种形式的输出能。自然能、食物能、电能、资源能、资金流等，形成中外合作办学质量保障系统的能量输入，取得

① 高志强，郭丽君. 学校生态学引论 [M] . 北京：经济管理出版社，2015：184.
② 崔春. 高等农林院校中外合作办学问题研究 [D] . 东北师范大学博士学位论文，2014：62.

教育教学过程中所需要的物质资源和能量资源，通过改变学校的办学理念，提高管理水平，改善办学条件，维持了学校师生群体的日常生活，保障了教育教学活动的质量，最终以人才培养、科技创新、社会服务和文化传承来回馈社会。

二、物质循环

持续不断的物质循环和能量流动是一个生态系统长期生存和发展的基础。物质在生态系统中起着双重作用，既是维持生命活动的物质基础，又是能量的载体。物质在生态系统中可以被循环利用，一旦其循环收到干扰，就会引发一些资源、环境问题，以及生态系统功能的异常。[①]

物质资源是办学的基本条件，教学质量的提高离不开优质教学物质资源的支撑。中外合作办学质量保障系统的物质转化过程依赖各种形式的物质输入，通过系统内人群组分、物质环境、人文环境等各种因素的综合作用，形成系统内的生活消费、教育教学活动和其他活动，实现系统内的物质积累和转化过程。

中外合作办学机构和项目，要为教学的正常运行提供充足的教学设施、设备和条件，并建立起良好有序的运转体系。在校舍、食堂、体育馆、师生活动中心等生活保障设施上，要满足师生生活的基本需要，在教室、实验室、教学设备等教学活动设施上，要达到国内高校同级同类教育项目的办学标准。同时，通过明确的政策、规则和程序，对办学设施进行使用、保管、更新和维修。在图书和信息资料上，办学机构要有规模适当的图书馆或信息中心，能够为教师、学生提供必要的图书和信息资料，为教学活动提供便利、高效的服务。

（一）自然物质环境的营造和生活保障设施的建设

首先，美观和谐、环境幽静的校园自然物质环境能使人心情舒畅，对学校的教学活动，学生的审美情趣、创新思维和身心健康产生潜移默化的影响。因此，学校要对包含校址区位、校舍建筑、自然与人文景观、校园雕塑、形象标识等在内的自然物质环境进行科学规划、合理布局，将自然物质环境的实用功能与审美、育人功能相结合，让学生从校容校貌中感受学校的精神风貌和学校的校园文化。

其次，高校校园不仅是教学科研的基地，同时也是师生生活的场所。食堂、宿舍、澡堂等是与师生生活息息相关的基础设施建设，而学生活动中心、体育场馆、工会俱乐部、礼堂、医院等是与师生文体卫生生活相关的设施建设。除此之外，校区间的交通设施建设也属于生活保障配套设施建设的范畴。生活保障设施的建设必须遵循以人为本的原则，本着为教学服务、为师生服务的理念，努力为师生创造优质的校园自然物质环境和生活保障条件，不断提高师生的生活质量和文体生活水平。

（二）学习用品和图书资料的输入

学习用品是学生在学习过程中经常用到的物品。从类别上可以分为传统学习用品和电子学习用品两大类。传统学习用品有笔记本、书包、文具盒、直尺、圆规、三角板、笔、橡皮、纸张、颜料、墨水等；电子学习用品主要有台式电脑、平板电脑、智能手机、笔记本电脑、iPad、Kindle 等。近年来，随着现代电子科技的飞速发展，电子学习用品异军突起。在国外，很多国家和地区为了方便教学，都在使用或推广掌上电脑、iPad、电子课本等电子学习用品。

图书馆作为人类文明智慧和文化历史记录的宝库，是学生获得知识的重要渠道，对课堂教学和学生自主学习具有重要意义。图书馆的发展需要硬件和软件两方面的投入和支持。硬件主要指显形的图书馆设备和资源，例如计算机、馆舍、图书等；软件泛指一些图书馆自动化管理系统、系统数据、人员培训、图书馆运行模式等隐形的图书馆要素。当今世界一流大学都十分重视图书馆建设，并以拥有丰富的图书资料而自豪。例如，美国哈佛大学图书馆大大小小统计起来大约有100 多个，其中的威德纳图书馆是哈佛大学也是美国年代最悠久的图书馆，同时也是世界上规模最大的图书馆之一，存有 1600 多万册藏书。美国加州大学伯克利分校图书馆是北美地区第四大图书馆，由 3 个主图书馆、24 个学科分馆和 11 个附属馆组成，藏书超过 1000 万册，数据库超过 1000 个。在这些图书馆中，丰富的资料收藏，便利的检索系统，齐全的影印设施，为学生的课余学习提供了良好的环境。

（三）教育教学材料的输入

首先，教室是课堂教学活动赖以进行的主要场所，其数量、空间、采光照明、桌椅质量、多媒体设备条件等，直接影响教学活动的实施。

其次，教学媒体是教学过程中一个不可或缺的组成要素，它包括各种用以进行教学活动的视觉媒体（包括教具）、听觉媒体、视听媒体和多媒体等。传统教学用具和试听媒体是教学活动所必需的一些基本用具，包括印刷材料、挂图、实物样品、生物标本、模型、幻灯机、投影仪、扩音机、录音机、广播、电视、电影、录像、影碟机、语音室等。在课堂教学中，教师针对不同的课程、教学内容和教学方法，合理采用和灵活搭配使用这些教学用具，能为学生提供充分的感性材料，激发学生学习兴趣，促进学生对知识的理解、掌握、巩固与应用，从而对深化教学改革、改进教学方法、提高教学效果起着重要作用。

最后，实践教学是课程教学的重要组成部分，实践教学投入的内容较多，有实验室数量、面积，实验实训教学过程中的仪器设备、实验资源等。

在生态系统中，物质是能量流的载体，能量是物质流的驱动力。中外合作办学质量保障生态系统伴随着各种形式的物质输入，以学生在校期间的生理过程和身体发育以及心理发展和心智成长、对社会的影响、学校废弃物等方式输出各种物质资源。

三、信息传递

生命活动的正常进行，离不开信息传递；生物种群的繁衍，离不开信息的传递。生态系统的各个组成成员之间及各个成员的内部都存在着信息交流，彼此间进行着信息传递。信息可以调节生物的种间关系，以维持生态系统的稳定，信息传递在生态系统中发挥着重要的作用。生态系统不同组分通过信息传递形成一个整体，生态系统中能量流动和物质循环通过个体与个体之间、种群与种群之间、生物与环境之间进行信息传递协调，这种信息传递又称为信息流。信息传递是生态系统的基本功能之一，也是系统调控的基础。信息传递起着把系统中各个组成部分联成一个整体的作用，并维持着系统的动态平衡，使系统处于有序状态，以不断地提高功能状态的水平。

中外合作办学质量保障生态系统是一个开放的系统，它除了不断地与环境进行物质、能量交换以外，还通过信息流频繁地进行着信息传递。它比自然生态系统具有更丰富的信息传播过程和信息传播机制，形成了复杂的信息网络。该系统利用其特有的信息网络体系，依托教育机构、学校师生群体、政府的信息传播与信息接收互动机制，从而形成中外合作办学质量保障生态系统特有的信息流。

中外合作办学质量保障生态系统运行过程中存在着频繁的信息传递，信息流依托系统内部的信息网络体系，利用系统外部的信息输入和系统内部的信息流过程，实现系统内部的信息资源增值和系统的信息输出。学校每天所进行的教育教学活动，实际上是产生、发送、接受信息并对各种信息做出反应的活动。从高等学校生态系统的信息输入看，可以分为外源自然信息和外源人工信息两大类，其中，外源人工信息是高等学校生态系统赖以存在和发展的基础。外源人工信息既包括社会经济形势和社会局势实时变化，也包括教育教学内容方面的知识性、技术性、技巧性、方法性等信息资源。学校师生群体通过外源人工信息可以获得更广泛的信息资源，进而内化为师生群体的知识体系和能力体系，提高教师和广大高等教育从业者的工作水平的同时，也能促进学生心智发展。

教育教学是一个复杂的信息传播过程，教师和高等学校其他工作人员通过不断地接受外界信息，合理地组织教育教学过程和教育教学内容，从而使学生获得有效的成长经历和社会化过程。教育教学过程中的知识传递，包括教师在组织教学过程中向学生发出的信息和学生在学习中的反馈信息。所谓的信息反馈，是指从系统的输出中选取一部分信息返回到系统的输入中，并对信息的再输入产生影响的过程。[1]

在教育教学活动中，教师发出信息的质量和学生的信息反馈决定着信息传递的效率。在信息质量确定的情况下，反馈信息越及时，信息传递的效率就越高。即便如此，信息反馈并非是影响教育信息传递效率的唯一因素。教育教学过程作为一项非常复杂的社会过程，除教育信息反馈效率，影响教育信息传递的因素还有很多。作为信息发送方的教师，其自我形象、教学能力、物质条件和社会环境等也直接影响教育信息组织及制作的质量；而作为信息接收方的学生，其个性结构、年龄特征、知识结构等也会对教育信息内容的选择、感受和反应方式等产生影响。

此外，跨国高等教育的特殊性往往容易导致教育机构、学生和政府三方发生信息不对称或不透明的问题。只有通过有效的信息分布、沟通与交流，才能全面、真实地了解跨国教育信息，及时发现存在的问题和潜在的风险，从而采取有针对性的措施保障跨国高等教育的质量。

为此，教育部建立了教育涉外监督信息网，设立了教育部中外合作办学监管工作信息平台，但网站的信息发布存在滞后性的问题，不能及时发布最新的动态和信息，今后应进一步完善相关信息，进行专业化和系统化的信息披露和反馈。

① 任凯，白燕. 教育生态学［M］. 沈阳：辽宁教育出版社，1992：107-108.

网络信息平台，一方面为跨国高等教育的信息沟通提供了一个良好的渠道，定期为跨国高等教育利益相关者提供政策信息和政策咨询，让利益相关者进行理智的判断和选择，为外国高等大学的进入提供了有效的系统信息；另一方面向社会和学生、家长提供就学指导和服务信息，帮助他们了解中外合作办学所提供的课程计划和办学特色。同时，通过信息反馈和信息研究，可为宏观和微观的质量管理提供有效指导，从根本上促使中外合作办学进一步完善和提高。

在国内实现必要的信息共享，实施及时有效的动态监管，应建立教育部、省教育厅、高校、社会中介组织和机构、社会公众相互联系的高等教育台，促进信息的开放，降低质量风险。必须增加合作办学的信息透明度，尤其要加强公众舆论监督。公众舆论监督的形式应保持多样化，通过网络、新闻媒体、移动通信等现代信息工具对中外合作办学相关信息进行发布。特别是微信公众平台，就是一个很好的信息发布方式。正规的中外合作办学微信公众平台，应取得微信认证，提高信息的可信度。另外，公共平台还应该注意及时更新信息，充分利用公共平台发布信息，促进公众对信息平台的持续性关注，增进公众对中外合作办学的理解和监督。同时，公共平台可以获取公众反馈，听取公众意见，了解公众最需要的信息，做到双向交流。①

在加强社会化多元化监管的同时，中外合作办学主体应该就中外合作办学的具体发展过程和现状进行真实的、全方位的、及时的披露。实施中外合作办学信息年报汇报制度也非常重要。中外合作办学机构和项目发布信息年报，是院校向外界证明其质量、效率和办学实力的一种有效途径，同时信息年报也是帮助社会实现常态化监督的一个重要手段。这些年报应提供给政府行政部门、半官方评级机构、学生家长以及中外合作办学信息监测网等信息披露平台，有效地、动态地、周期性地披露中外合作办学机构和项目的发展变化，使社会大众和相关单位能够清晰地了解院校的发展状况。

---

① 赵彦志，孟韬. 中外合作办学质量保障体系研究［M］. 大连：东北财经大学出版社，2015：143.

第二节 中外合作办学质量
保障生态系统的特殊功能

一、导向功能

中外合作办学质量保障系统对中外合作办学的发展起到一定的导向作用。从客观上讲，中外合作办学质量保障系统的导向功能主要体现在以下几方面：

（1）从思想政治导向上看，全国高校思想政治工作会议上明确指出，"高校立身之本在于立德树人""要坚持把立德树人作为中心环节，把思想政治工作贯穿教育教学全过程，实现全程育人、全方位育人，努力开创我国高等教育事业发展新局面"。随后，中共中央、国务院印发《关于加强和改进新形势下高校思想政治工作的意见》指出，高校要"坚持社会主义办学方向，扎根中国大地办大学，以立德树人为根本，以理想信念教育为核心，以社会主义核心价值观为引领"。中外合作办学对我国新时期高校立德树人提出了新的课题和挑战。教育部学位中心在总结分析中外合作办学评估中的问题时提出，"目前中外合作办学主要问题表现在意识形态和党建工作需进一步加强""在中外合作办学领域，要加强党的领导和党的建设工作，要加强思想理论武装，要创新工作方式方法，确保全国教育大会精神在教育对外开放领域落实落地"。因此，抓住培养什么样的人、怎样培养人这一根本问题，把思想政治工作贯穿教育教学全过程，是新时代中外合作办学思想政治工作遵循的指导方针与教育理念，是增强中外合作办学思想政治工作影响力与实效性的根本保证。①

（2）从文化导向上看，因为中外合作办学质量保障是建立在一定的教育价值观之上的，所以不可避免地会在过程中产生一定的观念层面的导向行为，如质量目标的设定、质量标准的确立、质量过程的监管、质量结果的评估等。这种内在的观念，一方面会对中外合作办学教育机构的教育者产生潜移默化的影响，在

---

① 汪建华. 以教育评价改革牵引中外合作办学提质增效［J］. 上海教育评估研究，2021（1）：38-43.

机构内形成一定的质量文化氛围，促进教师重视教学改革，转变人才培养观念，对教师教育教学的制约与规范，引导他们调整自己的教育教学活动，逐步实现教学管理科学化、规范化和现代化，从而提高人才培养质量；另一方面，引导办学院校明确自己的教学质量的目标（标准）。这一目标（标准）既是教学的出发点，又是教学的归宿，导向作用较强。

（3）从办学思想上，引导办学院校遵循办学基本规律，主动适应和服务于国家改革和发展的大局，适应和服务于学生的发展和成长[①]，培养既适应经济建设和社会发展需要，又具有跨国文化交流的应用型、复合型高级人才；从管理思想上，体现"以人为本"的原则，充分调动教与学两方面的积极性；从教学思想上，既有明确统一的培养目标，又能因材施教，促进学生个性发展和创造性潜能的发挥。通过建立质量保障体系，可以发现自己在实践教学方面存在的优点与不足，还可以发现本校与其他学校在实践教学方面存在的差距，进而引导学校明确自己的实践教学目标，确定本校实践教学的发展方向。

二、诊断功能

诊断是开展"医疗"服务，进行"健康体检"和"病情诊断"，并根据具体情况开出"调理或治病的药方"，从而达到"健康"的目的。

对于中外合作办学自身的可持续发展来说，中外合作办学质量保障的诊断功能至关重要。通过中外合作办学质量保障，可以发现中外合作办学过程中的问题与不足，并分析其背后的原因，为中外合作办学的健康发展进行宏观把脉。中外合作办学机构通过中外合作办学质量保障，及时发现其内部在诸多环节，如人才培养目标和质量标准的确定（含高等学校的人才培养目标与规格、专业培养目标和各级各类质量标准）、教学条件和人力资源的投入（教学条件含教学经费，校舍、实验室、图书馆等建设；人力资源教师数量和结构，教师培训和发展，学生生源状况等）、人才培养过程的管理与监控（含教学管理组织体制、教学建设、教学研究、教学制度、教学质量监控、教学基本状态、数据库建设等环节）、教学效果的评价（包括院系教学工作评估、专业评估、课程评估、教师教学质量评估、学生学习效果评估、毕业生满意度调查、毕业生追踪调查、教学评优奖励等环节）、各个环节的评价反馈和持续改进机制等，影响其质量提升的各

---

① 林金辉. 中外合作办学基本规律及其运用［J］. 江苏高教，2012（1）：47.

种实际问题，并对这些教育教学问题进行深入剖析，找到深层的原因，从而明晰教育教学质量提升的脉络，为推动中外合作办学的发展奠定基础。

三、监督功能

作为一种公共社会资源，教育不是一个独立的封闭系统，而是与社会发展息息相关，其发展程度与质量水平会对社会的发展产生重要影响。因此，社会各方都希望通过质量保障来加强对教育活动的监控，督促教育的发展。监督功能是中外合作办学质量保障系统的一项重要功能，中外合作办学质量既要有学校内部的自我监督，也要有外部监控。

自我监督是一种具有主动性和及时性的较为有效的教学质量监控形式，对提高教学质量具有重要作用。中外合作办学机构在质量保障过程中，可以对机构内的教育教学活动进行长期、连续的监控，加强结构化的教育教学管理，确保机构内的教育教学活动始终处于一个良性的发展轨道内。

外部监控主要是政府或政府教育主管部门以及社会中介机构（教育评估机构）、社会公众的监控，侧重于学校的政策执行、资源配置、教学条件、培养质量、毕业生就业率及用人单位对毕业生的满意度等方面。对于保障主体之一的政府而言，经过质量保障，能够随时了解合作办学发展的现实情况，并根据保障结果进行统筹规划和宏观调控，从而督促中外合作办学机构改进办学环境、提升办学质量。社会公众则通过质量保障活动，对中外合作办学院校的情况有更清晰的了解。同时，他们能通过质量保障加强对政府和办学机构的监督，规范合作办学制度，促使其向社会提供更好的、优质的教育资源。

四、调控功能

中外合作办学质量保障的调控功能可以分为宏观和微观两个层面。

首先，宏观调控。通过质量保障把握中外合作办学的现状、问题及不足，例如，我国中外合作办学布局不合理、专业过于集中、外方合作院校过于集中等不利于有效引进国外优质教育资源等，各地政府可以统一思想，树立正确的发展理念，根据其经济发展水平和社会发展需求，做好本地中外合作办学发展的顶层设计和统筹规划，优化区域结构、合理配置资源，从源头上减少问题和消除瓶颈。再如，针对教育管理部门对合作办学监管乏力的问题，在国家层面，应进一步加强中外合作办学地方性管理法规的建设，明确本地高校和区县教育行政部门对中外合作办学的管理职责和权限，建立不合格的中外合作办学退出机制，明确教育行政部门的执法权和相关的行政处罚措施，使其对中外合作办学的违法违规行为进行处罚有据可依。同时，引导各地完善审批机制，建立"管、办、评"分离的保障机制，加大对中外合作办学的监管力度。

其次，微观调控。中外合作办学机构或项目通过质量保障可以对自身的办学情况有更清醒的认识，如办学定位是否正确、人才培养是否符合当前社会发展需要、教育教学活动是否满足了受教育者的需求、教育质量的监管措施是否到位等。在此基础上，中外合作办学机构可以进行及时的调控，有针对性地采取相应的对策，调整、改进教育教学状况，如修订人才培养目标、建立更科学的质量监管机制、关注对教师教学质量和学生学习效果的评价与反馈等。办学机构的这种调控行为可以有力地推动教育教学变革，促进中外合作办学在微观层面上的发展。

第七章 中外合作办学质量保障生态系统的平衡与调控

第一节 中外合作办学质量保障生态系统的平衡

一、中外合作办学质量保障系统的生态平衡

（一）生态平衡的特征及要素

我国著名生态学家马世骏认为，生态系统在长期发展过程中，各因素或各成分之间建立了相互协调与补偿的关系，使整个自然界保持一定限度的稳定状态，这个稳定状态就是"生态平衡"。生态平衡是生态系统的一种良好状态，是一种相对的、整体的动态平衡。

1. 生态平衡的主要特征

（1）动态平衡。

像自然界任何事物一样，生态系统也处在不断变化发展中，它是一种动态系统，它的各项指标，如生产量、生物的种类和数量，都不是固定在一个水平上的，而是在某个范围内反复变化的，生物个体数量（特别是动物种群及多年生植物种群）会出现上下波动，系统内的能量流动和物质循环也会不断地变化。因此，生态平衡不是静止的，总会因系统中某一部分先发生改变而引起其他成分的改变，然后依靠生态系统的自我调节能力进入新的平衡状态。正是生态系统的这种"平衡—不平衡—新的平衡"的反复过程，推动了生态系统整体和各组成

部分的发展与进化。

（2）相对平衡。

任何生态系统都不是孤立的，都会与外界环境发生直接或间接的联系，都会遭到自然和人为因素的干扰。生态系统对外界的干扰具有一定的弹性，自我调节能力也有一定的限度，如果外界干扰在其所能忍受的范围内，它可以通过自我调节能力而恢复；如果外界干扰或压力超过了它所能承受的极限，依靠自我调节能力不能恢复原状，生态系统就会失去平衡，甚至崩溃。例如，草原应有合理的载畜量，超过了最大适宜载畜量，草原就会退化；污染物的排放量不能超过环境的自净能力，否则会造成环境污染，危及生物的正常生活，甚至死亡。

2. 生态平衡的要素

系统结构的优化与稳定性，能流和物流收支平衡，以及自我修复和自我调节功能的保持，是生态平衡的三个基本要素。因此，衡量一个生态系统是否处于生态平衡状态也有其具体内容：①时空结构上的有序性。空间有序性指结构有规则地排列组合，小至生物个体各器官的排列井然有序，大至宏观生物圈内各级生态系统的排列以及生态系统内各种成分的排列都是有序的。时间有序性是生命过程和生态系统演替发展的阶段性，功能的延续性和节奏性。②能流、物流的收支平衡，指系统既不能入不敷出，造成系统亏空，又不应入多出少，导致污染和浪费。③系统自我修复、自我调节功能的保持；抗逆、抗干扰、缓冲能力强。综上，生态平衡状态是生物与环境高度相互适应、环境质量良好，整个系统处于协调和统一的状态。

（二）中外合作办学质量保障系统生态平衡的表现

生态平衡是指在一定时间和相对稳定的条件下，生态系统各部分的结构与功能处于相互适应与协调的动态平衡中。任何一个成熟的生态系统，其结构与功能，包括物种组成、各种群的数量和比例，以及物质与能量的输出、输入等方面，都处于相对稳定状态，这种状态就是生态平衡。因此，在一定的时空条件下，中外合作办学质量保障系统中各个生态因子相对稳定、协调互补，系统整体结构优化、功能良好，形成有效输入和输出关系的动态均衡状态，就可以认为是中外合作办学质量保障系统的生态平衡。

1. 中外合作办学质量保障生态系统的结构优化

中外合作办学质量保障生态系统的平衡，需要从中外合作办学质量保障系统的结构优化上整体分析。

（1）质量保障主体内部的生态平衡。

中外合作办学质量保障系统是一个有机整体，各保障主体部分的相互匹配、相互协调、相互适应、相互补充的优化状态是系统生态平衡的一般性要求和重要表现。

首先，质量保障主体构成比重的和谐。不同的质量保障主体在时空上的分布和数量上的组合，要像自然生态系统中不同生物种群在时空上的分布和数量上的组合那样自然、协调、和谐。在自然生态系统中，每一个生物物种都是不可缺少的组成成分，物种与物种之间相互依存，相互制约，共同维系生态系统的结构和功能，生物物种减少，则生态系统的稳定性就要遭到破坏。同样，在合作办学质量保障这个生态系统中，不同的质量保障主体是平等的、不可或缺的，一旦消失或失去作用，将打破力量的平衡，损害系统的和谐稳定和健康运行。

无论是教师、行政人员、学生等内部主体，还是政府、用人单位、校友、家长、中介组织、媒体等外部主体，应就共同关心的问题平等地进行交流、互动、协商与合作。政府主要在立法、规划、资质上给予充分的保障，同时为其他主体之间可以更为充分地交流和沟通提供平台和通道；办学者将国外优质教育资源引进之后，在自身运作、管理及行业自律上不断完善，为中外合作办学的过程进行保障；社会各界促进院校办学规范性的同时，对其教学质量进行效果评估与信息反馈。只有将政府、办学者、中介组织、社会各方力量整合起来，发挥各自在进入、过程与输出等质量保障环节中的治理优势，通过多元主体、全方位的保障模式，共同构建起中外合作办学质量保障的立体框架体系。

其次，质量保障主体之间交互关系的和谐。在自然生态系统中，每个物种都是不可或缺的，都有其不可替代的作用和价值，生物种群之间总是既相互制约又相互依存，一个物种的消失必将影响其他物种的生存，影响生态系统的平衡和稳定。推动自然界进化的是共生法则，竞争只不过是共生过程中的一个方面，生物的存在绝对不完全是你死我活的关系，而是在共生中互动相互作用，共同生成和发展的。[①] 共生关系的活动过程在于共生关系主体物质、信息和能量的有效产生、交换和配置。共生关系的价值在于共生关系主体间的相容共生、共同发展，通过共生的过程达到各共生关系主体生存能力的增强、功能的日臻完善、效益的

---

① 张永缜. 共生：一个作为事实和价值相统一的哲学理念［J］. 西安交通大学学报（社会科学版），2009（4）：62.

提高的效果。共生不仅是一种自然现象，也是一种社会现象，可以将其用来解释人类社会各主体之间的关系。在中外合作办学质量保障生态系统中，每一个质量保障主体都是不可或缺的，都有其不可替代的作用和价值。质量保障主体之间也存在着共生、合作的关系，它们彼此有利、共同适应、共同发展和共同进化，通过角色、职责的互补，信息、知识的传递等共生过程实现中外合作办学质量保障主体各自功能的有效发挥，促进主体的共同发展的同时，也维持了中外合作办学质量保障系统的生态平衡。共生强调共生关系主体之间的平等互惠关系，因此，在中外合作办学质量保障中，应重视各主体的价值诉求和质量保障主张，推进主体间的互联、互动、互依，让主体之间有更多的平等对话、更多的沟通合作、更多的协商互动、更多的放权信任，实现各主体的有效衔接，促进中央与地方，行政部门与学校、社会之间系统有序、协调合作的监管机制的形成，最大限度地发挥各个主体在质量保障中的作用。

最后，质量保障主体生态位的定位。共生关系构建的职能前提是厘清政府职能、办学院校的职能与社会组织职能各自的疆域。如果缺少科学合理划分三者职能的前提，就会导致各自的功能优势无法发挥，共生的效应难以实现。中外合作办学质量保障是一项非常复杂的系统工程，要提高保障的公正性、科学性和有效性，必须对各保障主体的职能作出明晰合理地划分。在中外合作办学质量保障生态系统中，不同的主体有其各自特定的结构功能，不同的结构功能形成了各主体特定的空间、时间位置及其相互关系，每个主体都有属于各自生长的空间和发挥作用的领域。也就是说，中外合作办学质量保障主体有各自适宜的生态位。在自然生态系统中，每个物种都有与其他物种相区别的适合自己的独特生态位。

生态位指物种的最小分布单元，是生物物种在生物群落中的地位和角色，以及生物种群在生态系统中的位置和作用。在生物群落中，两个或两个以上生态位相似的物种生活于同一空间时分享或竞争共同资源的现象，即多个物种取食相同食物的现象是生态位的重叠。生态位的重叠是一种普遍现象，生态位重叠的两个物种因竞争排斥原理而难以长期共存。当资源缺乏时，生态重叠部位存在着激烈的种间竞争，最终导致其中一个物种被逐出。概言之，若两个物种生态位完全重叠，必然是一个物种被淘汰；若两个物种共存于同一生态环境中，则必须出现生态位的分离。生态位分化是指由于竞争，致使物种从其部分潜在的生存区域退出，从而消除生态位重叠，实现稳定的共存。生态位重叠与竞争相关联，生态位分离与物种间的共存相关联，且重叠程度越大，竞争越激烈；分离程度越大，共存的机会越多。大多数生态系统具有许多不同生态位的物种，这些生态位不同的物种避免了相互间的恶性竞争，有效地利用自然资源。同时，由于提供了多条能量流动和物质循环途径，各种生物欣欣向荣、共同发展，维持了生态系统的稳定性。

一个物种只有对自己所处的生态位有着明确定位，发掘自身的优势和特长，才能有效避免竞争中的不利地位，从而有利于个体乃至群体的健康发展。根据生态位的相关理论，中外合作办学质量保障主体只有明确各自的角色定位，厘清各自的职能，各守其位、各展所长，才能实现优势互补、相容共存，进而推动系统的稳定平衡，促进系统的健康运行，只有把握好自己的生态位，知己知彼，扬长避短，才能发挥优势，与其他保障主体合作共赢、错位发展，才能避免资源浪费，损害保障主体的共同利益和系统的健康发展。然而，由于我们对中外合作办学质量保障活动的生态性认识不足，忽略了各保障主体在质量保障生态系统中结构和功能的差异性，未能严格界定并区分保障主体的权责利关系，常常导致主体间定位不明，职责不清。

（2）质量保障主体与环境之间的平衡。

格罗特费尔蒂、费罗姆（1996）说过："'环境'意味着我们人类位于中心，所有非人的物质环绕在我们四周，构成我们的环境。与之相对，'生态'则意味着相互依存的共同体、整体化的系统和系统内各部分之间的密切联系"。[1] 因此，"生态"指的是各生命群落在环境中互栖共生的平衡关系。生态环境是包括人在内的生命有机体的环境，是生命有机体赖以生存、发展、繁衍、进化的各种生态因子和生态关系的总和。生态环境是有生物网络（个体、种群、群落）、有生命活力、有互动关系、有空间格局、有生态过程（代谢、繁衍、进化）、有人类影响、有自组织能力的环境，是人类及万物生灵得以生存、发展、繁衍、进化的必要条件。[2]

研究中外合作办学质量保障系统生态环境，是为了探究各种生态环境与质量保障主体之间的相互关系及作用机制，为了使中外合作办学适应环境的变化，适时进行变革和创新，最终达到可持续发展的目的。随着人类社会的发展，科学技

① Cheryll Glotfelty, Harold Fromm. The Ecocriticism Reader: Landmarks in Literary Ecology [M]. Athens: The University of Georgia Press, 1996.
② 王如松. 生态环境内涵的回顾与思考 [J]. 科技术语研究, 2005 (2): 29-31.

术的进步，我们深刻地认识到高等教育生态环境并非是单一因素作用的结果，往往是政治因素、社会因素和文化价值因素等相互渗透交织、相互结合融通的复合生态环境，影响和制约着中外合作办学的生存和发展。

其一，文化价值因子的影响。泰勒在他的《原始文化》一书中定义了文化："从广义的人种论的意义上说，文化或文明是一个复杂的整体，它包括知识、信仰、艺术、道德、法律、风俗以及作为社会成员的人所具有的其他一切能力和习惯。"从定义中不难发现，在文化的构成元素中有一个核心因素就是价值观。文化价值观有意无意地时刻影响着人类群体的行为模式，同时，文化价值观也是群体在长期的实践活动中积累的结果。随着质量实践活动的不断累积，质量实践逐步演化成一种文化现象，即质量文化。

教育质量文化，实际上是一种隐性的影响教育质量的方式，它将一种无形的、潜在的而且是巨大的力量注入人们的内心深处，融化在人们的心中，成为人存在的一部分，从而化作其行动的无形指挥棒。质量文化的存在，是为了创造一个保障质量目标能够实现的环境和氛围。通过建设健康向上的质量文化，营造良好的质量文化氛围，搭建一个质量保证的平台，帮助质量保障相关主体树立全面科学的教育观念和人才质量观念，引导他们形成关心质量、提高质量的参与意识和主动精神，促进他们积极性、能动性的充分发挥，从而解决学校面临的难题，全面有效地提高中外合作办学的教学质量。

其二，政策法规因子的影响。任何一项政策、法规都要对改革和发展产生影响，对社会和经济发展产生效益。中外合作办学作为我国教育事业的组成部分，国家和地方构建中外合作办学的政策、法规要为教育的改革和发展、培养社会主义的建设者和接班人、中外合作办学质量提供保证。

经过多年的探索与实践，我国颁发了一系列中外合作办学专门法律性文件、政策，主要包括 2003 年的《中华人民共和国中外合作办学条例》、2004 年的《中华人民共和国中外合作办学条例实施办法》、2006 年的《教育部关于当前中外合作办学若干问题的意见》、2007 年的《教育部关于进一步规范中外合作办学秩序的通知》、2009 年的《教育部办公厅关于开展中外合作办学评估工作的通知》、2012 年的《教育部办公厅关于加强涉外办学规范管理的通知》、2016 年的《关于做好新时期教育对外开放工作的若干意见》等。这一系列政策法规紧密相连，共同构建了对跨国高等教育质量监管的法律法规体系，成为推进中外合作办学持续、健康、规范、有序发展的重要依据。在政策法规的规范、组织和协调下，中外合作办学大力引进国外优质教育资源，借鉴国外先进办学理念和方法，结合我国国情，进行教育教学改革，发展新兴学科和优势学科，培养国际化人才，增强我国大学在国际上的竞争力。同时，为地方经济发展、文化品位提升、国际影响力和综合竞争力的提高作出了贡献，促进了国际交流与合作的进一步深入和持续发展。

其三，资源条件因子的影响。教育教学资源是学校生态系统生存的前提和发展基础，经费资源、国外优质教育资源、办学条件等都属于中外合作办学质量保障系统的教育教学资源构成要素。

办学是一种高投入的社会公益事业，需要大量资金投入校园占地、校舍建设、基本办学条件、运动场地和设施等的建设。资金的缺乏，一是会直接导致学校存在基础设施建设不足问题，影响高校正常教学的开展；二是影响着学校教师队伍的建设，进而影响到学校的教学质量；三是直接影响学校的竞争实力，导致学校无法吸引生源，从而陷入发展的恶性循环，影响学校的生存。

优质教育资源是一个相对的概念，是在国际上有特色或已有办学成功经验的学科和专业，是具有先进水平和领先优势的课程、教材、教学理念、教学方法、教学形式、教学管理制度、考评方法、师资队伍和人才培养模式等。[①] 合理引进与有效利用国外优质高等教育资源，是高等教育中外合作办学的核心，是提高中外合作办学水平和质量的关键。这能在一定程度上缓解高等教育大众化过程中国内优质教育资源不足的问题，促进中国高等教育改革，提高中国高等教育的国际竞争力。[②]

办学设施和条件是保障中外合作办学正常教学的重要基础，为此，办学机构要为教学的正常运行提供充足的教学设施、设备和条件，并建立起良好有序的运转体系。在生活保障设施上，校舍、食堂、体育馆、师生活动中心等要满足师生生活的基本需要，在教学活动设施上，教室、实验室，教学设备等要达到国内高校同级同类教育项目的办学标准。同时，在办学过程中通过明确的政策、规则和程序，对办学设施进行使用、保管、更新和维修。在图书和信息资料上，办学机构要有规模适当的图书馆或信息中心，能够为教师、学生提供必要的图书和信息资料，为教学活动提供便利高效的服务。

---

① 林金辉. 论中外合作办学的可持续发展 [J]. 教育研究，2011 (6)：65.

② 林金辉，刘志平. 中外合作办学中优质高等教育资源的合理引进与有效利用 [J]. 教育研究，2007 (5)：36.

2. 中外合作办学质量保障生态系统的功能完善

"功"表示"功效、作用","能"表示"能力",结合起来,功能是指有特定结构的事物或系统在内部和外部的联系及关系中表现出来的特性和能力。凡是系统都具有功能,因为系统是由一些元素通过相互作用、相互关联、相互制约而组成的具有一定功能的整体。系统的功能是指由系统行为引起的、有利于系统所处的环境中某些事物或整个环境发展和存续的作用,系统整体功能的完善有利于系统整体目标的实现。自然生态系统有三大功能:能量流动、物质循环和信息传递,它们共同维持着生态系统的正常运转。中外合作办学质量保障生态系统具有和自然生态系统一样的基本功能,也就是说,中外合作办学质量保障生态系统内部各生态因子之间的相互作用或系统与外部环境之间的相互作用给系统内、外带来积极作用,维持系统的正常运行。此外,中外合作办学质量保障生态系统还有其特殊功能,如导向功能、诊断功能、监督功能和调控功能等。中外合作办学总体上保持了较快的发展速度,也取得了一些成效,但如何进一步完善中外合作办学质量保障系统的功能,促进中外合作办学服务大局、增强能力、提质增效,有利于中外合作办学健康可持续发展,真正为人民群众提供高质量的教育,我们还有大量工作需要做。2020 年 10 月 13 日颁发的《深化新时代教育评价改革总体方案》提出,把立德树人的成效作为检验学校一切工作的根本标准,全面落实立德树人根本任务。因此,在优化评估体系、突出人才培养质量评价过程中,要扭转不科学的教育评价导向,健全立德树人落实机制。同时,要注重对教学质量和教学效果的评价,构建彰显时代特征和中国特色的中外合作办学立德树人评价制度。[①] 党的十九大报告中明确提出,中国已开始进入社会主义建设的新时代,中国开放的大门不会关闭,只会越开越大。新时代就有新使命、新任务和新要求,中外合作办学发展的新形势也必将遵循这些规律。当前和未来的一个阶段是中国加快对外开放发展的重要时期,在新的国际局势背景下,中外合作办学如何更好地服务国家战略,如何在中外合作办学中落实立德树人根本任务、落实教育部下发的关于加强中外合作办学党建工作的文件精神,将立德树人贯穿于培养人才的学科体系、教学体系、教材体系、管理体系,增强中外合作办学思想政治工作影响力与实效性,

---

① 汪建华. 以教育评价改革牵引中外合作办学提质增效 [J]. 上海教育评估研究,2021 (1):38-43.

还面临着很大难题和挑战。此外，《中华人民共和国中外合作办学条例实施办法》中还有诸多条款不适应新时期中外合作办学的发展要求，如何科学建立一套既体现国际化特点又符合中国国情的评估标准体系，实现不同办学定位、不同培养目标的中外合作办学；如何进一步完善评估体系和方法，建立具有未来引领的中外合作办学准入审批制度和监管体系，开展评估认证，强化退出机制，加强信息公开，建立成功经验共享机制，实现进出审批制度化、动态化，评估评价科学化、周期化，监督管理规范化、常态化，办学保障体系标准化、国际化，全面提升合作办学质量，都面临诸多挑战。

中外合作办学质量保障系统的生态平衡，要求系统的生态功能必须全面协调和平衡，办学的导向、控制、反馈等要保持适当的适应性和协调性，一系列矛盾的协调和控制都需要不断地予以调节，以保证系统功能的高度完善，从而适应新形势下的中外合作办学质量保障系统生态平衡的需要。

二、中外合作办学质量保障系统生态平衡的调节

生态学认为，任何生态系统的自我调节机能都有一定限度。生态学领域通常把生态系统所能承受压力的极限称为"阈限""阈值"，在确定的限度内，即在不超过系统的生态阈值和容量的前提下，它可以忍受一定的外界压力，当压力解除后，它能逐步恢复到原有的水平。相反，如果外来干扰超越生态系统的生态阈值和容量时，它的自我控制和调节能力无法使生态系统恢复到原初状态，将造成其结构破坏，功能受阻，正常的生态关系被打乱以及反馈自控能力下降，导致生态系统衰退或崩溃，则表明生态平衡遭到破坏，这一现象称为生态失衡或生态失调。我们认识了生态平衡的规律，就可以通过有目的地调节和控制，使已遭到破坏的生态平衡得到恢复，同时变恶性循环为良性循环，建立新的生态平衡。因而，生态平衡的调节是当生态平衡失调时，为了防止系统的逆行演替，根据生态平衡失调的特征，积极采取相应的调节措施。

中外合作办学质量保障生态系统的平衡要坚持内涵式发展、创新发展和可持续发展，推动合作办学整体水平的不断提升，提高我国中外合作办学治理能力和治理水平现代化、提高管理效能，实现中外合作办学经济效益、社会效益和生态效益的统一。因此，中外合作办学质量保障生态系统平衡的调节可从以下几个方面入手：

1. 以顶层发展策略为依据和方向

战略规划是具有清晰愿景、明确目标、任务和措施，拥有一定时间跨度的计划，决定着事物的发展方向和未来。[①] 我国在《教育规划纲要》中虽然用了一章的内容对"扩大教育开放"进行规划，提出了"提高我国教育国际化水平"，2013 年教育部出台了《关于进一步加强高等学校中外合作办学质量保障工作的意见》，对高等教育中外合作办学质量建设提出八项指导意见，2015 年又出台了《关于做好新时期教育对外开放工作的若干意见》，对做好新时期教育对外开放工作进行了重点部署，对提升教育对外开放治理水平，加强对教育对外开放工作的组织领导，但这些都没有提出明确的目标、任务和措施，只是一些指导性政策，称不上是战略规划。顶层设计是从全局角度出发，对某一事物的各方面、各层次、各要素进行的统筹规划，以便集中有效资源，高效、迅速地实现目标。[②] 我国目前也缺少有关高等教育国际化的顶层设计，因此常出现配套政策缺失、有法难依、执法不严等情况。

全国教育大会提出，"要扩大教育开放，同世界一流资源开展高水平合作办学"，会议指明了发展的战略方向，明确了合作主要目标和对象。目前，我国已将教育对外开放提到了前所未有的高度，已成为服务党和国家工作大局的重要途径。因此，我们应围绕国家"一带一路"建设，尽快制定高等教育国际化的战略规划和顶层设计，整合教育、文化、外交、贸易、旅游等部门的力量，推动高等教育国际化统筹发展。

科学的战略规划和顶层设计，需要明确中外合作办学质量保障建设的总体目标，从服务我国教育科技的战略需求，契合教育国际化高水平发展的功能定位和战略目标，制定符合目标的准入政策，加强全面统筹，优化布局结构，完善优质教育资源引进机制，规范办学过程管理，完善中国特色国际共识的监管机制，评估监测办学状态和质量，加强质量监管和行业自律，推动改革创新，实施示范引领，加大示范性中外合作办学支持力度，反馈调整顶层政策和改进办学机制。

首先，从战略规划和设计上看，在规划布局上要着眼于长远，注重发展的平衡性，聚焦一流资源，优化布局结构，实现高质量的适度发展；在准入机制上，明确和坚持中外合作办学的准入标准，包括中方教育机构和外方教育机构的准入

①　刘剑青，王小飞. 教育国际化内涵及政策定位［J］. 国家教育行政学院学报，2015（5）.
②　张茉楠. 改革开放须重视"顶层设计"［N］. 上海金融网评论，2010-12-17.

门槛，以及中外合作办学的审批标准。在发展重点上，围绕既定战略目标，密切关注社会需求和生源变化，高质量引进一流资源，聚焦国家急需、薄弱、空白的学科合作办学；在制度设计上，研究把握"引进、吸收、融创、引领"发展阶段特征，通过建立科学的过程监管，事后退出机制，推动依规办学、高效办学，保证高质量合作效能，实现战略目标。

其次，从办学机构上看，在总体规划框架下要借鉴世界各国教育发展的成功经验，结合中国实际，发挥办学院校的积极性和创造性，鼓励契合自身需求，明确合作的目标与形式，积极进行探索，办出自身的特色，提升院校的教育发展能力和国际影响力。对于一些中外合作办学发展比较缓慢的地方和学校，给予一定的政策倾斜与自主权，鼓励其创造条件设立高水平的非法人设置中外合作办学机构，举办高水平中外合作办学项目①。

最后，从办学目的上看，满足老百姓日益增长的接受高质量国际化教育需求，提供有质量的"不出国的留学"服务，依法维护学生的合法权益，是中外合作办学的出发点和归宿。因此要为受教育者提供更加多元化的学习选择和渠道，保证其学习质量和相关利益。顶层谋划上，应关注"三度"：学生满意度，是检验办学成功与否的重要标准；办学美誉度，即中外合作办学项目、机构对学生的吸引力是办学可持续发展的依据；学生职业成长度，是办学战略目标实现的最终依据，跟踪分析毕业生职业成长度是战略设计的重要路径和监测基点②。

2. 以加强办学院校自身能力建设为关键

保障好的教育质量，重要的是让高校把内部质量保障体系真正建立起来和发挥作用，要靠学校校长、教师、学生和管理人员的共同努力，这是保障教育质量的根本性战略性措施。将国外优质教育资源引进后，应对内部的过程质量监管，发挥各利益方的主观能动性，实行自我规范、自行调节的管理行为，从而构建内部质量保障体系。欧洲高等教育区的部长级峰会，对高校内部质量保障的标准和准则的说明，值得借鉴：①高校应制定质量保障的政策和相关程序，以确保其专业和学位授予的质量；②高校应有正式的机构负责批准、监控和周期性审查本校的专业和学位授予；③高校应始终如一地使用已公布的准则、规章和程序对学生

---

① 林金辉. 中外合作办学的规模、质量、效益及其相互关系［J］. 教育研究，2016（7）：39-43.

② 林梦泉，等. 新时代中外合作办学质量治理体系构建理论与实践探究［J］. 中国高教研究，2020（10）：9-15.

进行评价；④高校应保证参与教学的教师有任教资格并能胜任工作；⑤高校应确保用于支持学生的资源是充分的、适合的；⑥高校应确实保证他们收集、分析和使用了对于各专业和其他活动实施有效管理的相关信息；⑦高校应定期公布最新、公正和客观的关于各专业和学位、学历授予的信息。[①]

（1）办学理念和定位。

中外合作办学机构和项目首先要确立自身的办学理念，明确办学定位，确立办学特色和发展方向。中外合作办学是推进高等院校教育国际化的重要途径之一，也是推进高等院校高质量发展的有效途径之一。高等院校通过中外合作办学，旨在引进国外的优质教育资源，提升教育教学质量。其基本定位是坚持以立德树人为根本任务，立足本校发展，面向世界办教育，不断推进教育教学改革，培养具有国际视野的高质量人才。

中外合作办学是带有公益性质的、不以营利为最终目的的教育服务。《中外合作办学条例》第三条明确指出："中外合作办学属于公益性事业"；2006年，教育部下发的《关于当前中外合作办学若干问题的意见》再次明确，"要坚持中外合作办学的公益性原则""坚决制止教育产业化现象。"中外合作办学这一定位，秉持了中国特色社会主义教育事业的目标，为中外合作办学更为健康的发展起到了重要保障。在公益性要求下，中外合作办学不应以追求经济利益为目标，其收费标准必须适应我国中等收入的家庭经济水平，设立合理的收费标准，在合理的范围内降低办学成本，招收优质生源，培养优秀人才，唯有如此，中外合作办学才能有广阔的市场和旺盛的生命力。

同时，合作办学双方在协商、广泛征求教师和学生意见的基础上，确定合作办学的方向，制定战略发展规划。建立以学生为中心的人才培养模式，形成多样化的培养方案，根据办学定位和规划制定人才培养目标，各项目或各专业每年制定一份本专业年度发展计划，并根据院校实际运行情况进行调整和完善，达到提高教育教学质量的目的。

此外，中外合作办学机构和项目还应为学生创设良好的学习和生活环境，加大对教学设施的投入，在校舍、食堂、体育馆、师生活动中心等生活保障设施上，满足师生生活的基本需要；在教室、实验室、教学设备等教学活动设施上，

① 张民选，李亚东. 中外合作办学认证体系的构建与运作［M］. 北京：高等教育出版社，2010：203.

达到国内高校同级同类教育项目的办学标准；在图书和信息资料上，办学机构要有规模适当的图书馆或信息中心，能够为教师、学生提供必要的图书和信息资料，为教学、科研活动提供便利高效的服务。同时，定期对学生服务工作进行考评，为学生提供优质的服务，保证学生的根本利益。

（2）师资队伍和生源。

师资队伍是中外合作办学引进优质教育资源的重要载体，是中外合作办学课程实施的主体，师资队伍质量建设是中外合作办学高质量发展的关键，是关乎中外合作办学质量建设的核心因素——课程能否落地的重要因素，决定着引进的教育资源能否顺利转化为学生所掌握的知识和技能。

中外合作办学机构和项目要创建支持学生学习和生活的优质师资队伍。教师学历和资历要符合办学定位和发展方向的要求，教师队伍的专兼职结构、学历结构、年龄结构等需合理，教师应能够有效履行工作职责。一方面，机构和项目要依据发展需要和教师个人的发展意愿公开选聘优秀师资，严格按照《中外合作办学条例》的相关规定，即"外籍教师和外籍管理人员应当具备学士以上学位和相应的职业证书，并具备 2 年以上教育、教学经验。而作为专家引进的外籍教师，国家外专局规定应取得硕士学位并有 3 年以上的教育工作经历"，积极引进优秀的中外籍教师，优化师资队伍结构，培养与引进结合的拥有先进的国际教育理念、过硬的专业理论素质和研发能力、多元化的教育教学方法、娴熟的双语教学能力的教师团队。例如，悉尼工商学院在合作之初重点建设语言教师队伍。2000 年开始培养独立的专业师资，从国内外一流大学逐步引进一大批素质过硬的博士毕业生，目前该队伍已经壮大到 70 人。人力资源的提升使合作办学超越了简单的移植和模仿，能够把外国教育资源迅速本土化，促进了中外教育体制的融合创新和落地执行。另一方面，引进、学习、吸收师资培养、职称评聘、晋升机制、薪酬福利、考核评价、团队管理等方面成功的经验，形成独立、开放、动态的、与国际接轨的师资培养与管理机制。为教师提供专业发展的机会，为教师从事教学改革和学术研究提供机会、创设条件。例如，东北财经大学萨里国际学院成立了教师发展中心，充分调动本院中外籍教师的积极性，建立教师内部交流培训机制，加强教师间就优秀教学方式、方法的交流，提高教学水平。西交利物浦大学推出的诸如员工可享受住房补贴、飞行和搬家补贴，创建了 15 年一贯制、国际化的附属学校，每年暑假期间学校为员工适龄幼儿提供"暑期托管"服务等软硬件条件，对建立稳定的高水平国际化师资队伍发挥了积极作用。

同时，合作办学机构和项目要实行与办学定位和培养目标一致的招生政策，加大宣传力度，改变宣传方式，提升知名度。严格录取标准，依照中国相关法规、机构或项目章程确定招生范围、入学条件和招生方式等，保障学生生源的质量，并为学生创设良好的学习和生活环境，定期对学生服务工作进行考评，为学生提供优质的服务，保证学生的根本利益。另外，合作办学机构或项目应设计好学生的毕业出路，如果对学生有好的毕业出路设计，将会大大提升项目对学生的吸引力和影响力，因此，合作办学机构或项目应及时把握相关社会行业对毕业生的反馈信息、行业评价等信息，为学生进一步深造或工作提供更多机会。

（3）专业课程与教学。

中外合作办学机构要按照办学定位和培养目标开设课程和教学，引进国外优质的教学资源，通过适当多样的教学形式，提供跨文化、个性化的课程与教学。

学科专业的选择方面，应是高等院校的优势特色学科专业，可在全球范围内选取。前期具有一定合作基础，要了解对方的目标需求和实际情况，及其学科或专业与中方合作的优势，面向世界科技前沿和国家重大需求，坚持"中国特色、世界一流"的建设原则，开展深度中外合作办学。

同时，引进国外优质课程与活页式教材，共建以项目为载体的课程教学团队，共同设计课程；制订合理周全的教学、课时等安排计划，并搭建各种平台，组织开展实习实训、举办学术讲座、创新创业论坛等活动提高学生的社会实践能力，从而帮助学生理论联系实际，满足学生的发展需要。

此外，教师需要严格执行教学计划，有效运用多种教学方法。"教学工作始终是中外合作办学的中心工作，教学质量更是中外合作办学机构和项目生存和发展的关键。"[1] 课堂教学是课程建设与实施最直接的体现，有调查研究表明[2]，中外合作办学英语课堂教学基本采用班级授课，与传统的大学英语课堂教学没有明显差别，课堂教学模式单一，多数教师过分依赖媒体与现成教学课件，教学手段单一，教学方法陈旧。传统的班级授课制盛行，"灌输式"课堂教学中的学生依旧充当知识的"接受器"，语言学习效果难以保证。有些院校不惜花费巨大成本聘请外教，但其课堂教学气氛沉闷、教学效果平平、学生反应一般。中外合作办

---

① 林金辉. 中外合作办学教育学 ［M］. 厦门：厦门大学出版社，2011：114.

② 王晓明，孟春国. 中外合作办学英语课程现状调查与分析 ［J］. 金陵科技学院学报（社会科学版），2009（1）：104-108.

学教学质量的提升，需要营造良好的教学氛围和教学环境，小班化教学能够充分调动学生的积极性，确保课堂教学的效果。但由于师资紧张、资源不足，真正推行小规模课堂授课的院校或课程少之又少。即便有些办学机构和项目在班级规模上进行了控制，但对于小班化教学要达到的效果并没有进行充分的监控，使小班化教学流于形式，难以为学生的质疑意识、批判精神和探究欲望营造良好的氛围。[①] 2020 年，因受新冠肺炎疫情影响，外方承担的课程转为线上授课，给中外合作办学的教学技术的实施带来新的启发和新的生机。一些合作高等院校将课程放在了云端校园，这种远程教学和教学方式的改进，既节省了旅途上的时间，又降低了授课成本。未来，中外合作办学将以云端校园为基础，以中方教师指导为辅，共享线上课程；建立优质课程资源库，中外合作办学双方共同聘请世界一流的专家名师主讲线上课程，开展课程答疑、实验辅导、教学实习指导等工作，使更多的学生受益，拓展学生的国际视野。[②]

（4）质量监控与评价。

中外合作双方需要依据章程，明确责任与权利，尤其是中方需要在决策机构中掌握主导权，各级行政人员能够依据有关法规和章程行使教育教学及行政管理职权。建立学校层面的各部门协同联动机制，设置专门的中外合作办学监管小组，加强规范管理，学习和借鉴外方合作高校的成功经验，充分发挥中外双方在教育教学方面的管理优势等。合作办学机构或项目的质量评价体系应涵盖内部质量保障的各个方面，既要有对办学政策和资源配置等方面的监控和调整，也应通过面向学生和家长开展问卷调查、与学生和教师座谈等不同形式，对教师教学质量的评价和反馈以及学生学习效果的评价和反馈；既要有院系开展的教学工作的考核与评估，也要有专业性的评估与反馈。尤其是对教学活动各环节的评价和调整，要有明确的课程设置、教学大纲和教学计划审核的标准及程序，并依据经济和社会发展及学生特点而做出相应的调整；在实施教学计划的过程中，能够采取随堂听课、听取学生和教师的反馈等多种方法评价教学；能够利用课程设置、教学大纲和教学计划评估结果，对课程设置、教师安排和教学计划等方面做出及时的修正和调整，从而逐步提高中外合作办学的教学质量和人才培养

---

① 林金辉，刘梦今. 高校中外合作办学项目内部教学质量保障基本要素及路径［J］. 中国大学教学，2014（5）：64.

② 孙洪志等. 关于高等院校中外合作办学项目的几点思考［J］. 中国林业教育，2021（2）：29-31.

质量。

以莫纳什大学马来西亚分校为例，该校是第一个受邀在马来西亚建立的海外分校。分校成立了院级、校级（高级管理小组和学术咨询委员会）的教育委员会，并制定了《莫纳什大学分校课程认证事务规则》和《莫纳什大学分校课程认证程序》等规章。以《莫纳什大学分校课程认证事务规则》为例：①所有课程设置都必须遵守马来西亚资格认证体系的规定；②除专业课程外，所有课程都必须接受校级年度评审；③专业课程必须得到马来西亚专业机构认证；④分校所有课程都要接受马来西亚资格认证处的指导；⑤政府将向符合认证要求的课程颁发认证证书；⑥当该课程培养出第一届毕业生时，马来西亚资格认证处将颁发正式认证证书，而之前的为临时认证证书；⑦所有课程须随时接受检查。① 在课程实施上，以英语为教学语言，除接受马来西亚质量监管机构监察外，分校内部还通过学院、学校教育委员会、高级管理小组等重重把关课程实施质量。以审查为例，主要是对教师的授课情况进行审查；教师进行自我审查并提交审查报告；学校审查部门对教师的报告及其具体实施情况进行审查；学校审查部门做出评价和实施建议。同时，实施的课程还要经过内、外部评价。内部自我评价是第一阶段，教师、学生进行自我评价报告后形成总体报告，由学校评估委员会对课程做出评估。外部评价是第二阶段，由马来西亚资格认证处负责，每5年进行一次全面评估。马来西亚资格认证处除评估学校的评价报告外，还会到学校进行实地审查，深入了解情况，最终提交评价报告并向学校课程建设提出建议。②

3. 以内外整合的调节机制为重点

我国中外合作办学质量保障生态系统应实现内部质量保障系统和外部质量保障系统的协调统一，它们是相互依存、互为共生的有机整体。其中，内部质量保障系统处于基础地位，是中外合作办学质量保障的核心和关键；外部质量保障系统处于辅助位置，但也是中外合作办学质量保障系统正常运行必不可少的条件。

首先，要建立以内为主的决定机制。从辩证法的维度看，内部质量保障是内因，是事物的内部矛盾。内部质量保障系统在质量保障的过程中要做好两方面工作：一是通过对组成各个要素、要素之间关系的监控、调整，及时、准确找到质

① Monash University Sunway Campus（MUSC）. Campus Course Acereditation Business Rule［EB/OL］.（1998-04-20）［2010-01-29］. http：//www. monash. edu. my/eqi/sunway-campus. html.

② 郭丽君. 中国跨国高等教育质量保障体系研究［M］. 社会科学文献出版社，2014：77-78.

量保障过程中的缺点和漏洞，积极引导利益相关者不断改进和提高质量，最终确保中外合作办学整体质量的提升。二是给政府、社会、学生家长等利益相关者群体提供质量证明，明确"教育输入—教育过程—教育输出"模式下各方的权责，促使各利益相关者守土有责、守土有方，共同促进中外合作办学质量的全面提高。具体来说，办学机构和项目作为质量保障的核心主体，应确立自身的办学理念，进一步明确办学定位，确定合作办学的方向，制定战略发展方向性，从人力、物力和财力等资源上提供支持，确保规划和目标渗透到办学环节的各个方面。办学机构主要围绕办学定位和培养目标开设课程和教学，引进国外优质的教育资源，对培养模式、教学方法和组织管理等教育教学工作的各要素及全过程进行有效组织和管理。同时，要实现自我质量监控和保障，建立健全的教学质量评价体系，既要有对办学政策和资源配置等方面的监控，也要有对教师教学质量和学生学习效果的评价与反馈，并将评价结果用于改进教育教学质量。对于内部过程质量的监管，除中外合作办学机构的管理者，教职员工和学生也应参与到治理中，实行自我规范和自行调节的管理行为。可以组建由中外方管理者和教师、学生、用人单位等治理主体共同参与的学术委员会、教育质量监督委员会、校企合作委员会等组织，形成稳定有效的教育教学质量保障体系。

其次，要建立以外促内的助推机制。在整个质量保障过程中，虽然内部质量保障系统居于基础地位，具有基础性、根本性作用，但外部质量保障系统却是内部质量保障系统能否正常运转的保证，在中外合作办学质量保障系统中同样具有非常重要的作用，外部质量保障系统通过内部质量保障系统的中心使调节机制形成影响。外部质量保障系统在质量保障过程中，要做好三方面工作：一是促使内部质量保障系统自身加强建设，增强办学院校提高质量的使命感和责任感；二是打造平台，使中外合作办学各利益相关主体之间充分地交流、沟通与协商；三是开展更为客观、公正的评估，给社会和用人单位提供客观、公正的中外合作办学质量证明。

最后，要建立内外并举的合作机制。构建和谐、统一的内外部质量保障系统，是确保中外合作办学质量的关键因素。在其关系处理上，要坚持以内部质量保障系统为基础、为核心，以外部质量保障系统为依据，坚持"以内为主、以外促内、内外并举"的原则，共同保障中外合作办学质量。也就是说，中外合作办学质量保障系统应该建立在内外合一的保障机制基础上。

第二节　中外合作办学质量保障生态系统的调控

一、中外合作办学质量保障生态系统的调控原则

（一）系统性原则

系统性原则既是生态系统自身的特征要求，也是生态平衡整体性的特征要求。余昌谋在《生态文化论》中指出，"整体性、系统性，这是生命现象中最基本的原则""生物圈是一个互相联系的统一整体。我们对生物圈的认识必须强调它的整体性；生态系统内部各种要素及生态系统之间互相联系，具有功能和结构的依赖性。我们必须强调它们的相互联系和相互依赖"。德国社会学家尼克拉斯·卢曼（N. Luhmann）曾说："一般系统理论和控制论，在传统古典系统理论把部分和整体的关系当作基本概念之外，又附加上一个新的模式去强调系统同它的环境的区分。这个新的典范使得系统的结构，包括区分化的形式，连同系统的过程一起，都同时地同环境相关。"

在调控过程中，"牵一发而动全身"，需要全面地思考每一种调控措施带来的各种影响，全面、准确地反映各种生态因子、涉及教育教学运行的各个环节，并符合《中外合作办学条例》等法规精神，构建完整的质量保障体系。对中外合作办学质量保障生态系统的调控涉及各方面的相互关联性：质量保障管理主体、质量保障承担主体和质量保障监督主体之间的关联；信息、资源、法律、政策、价值、资金等生态因子之间的关联；输入、存储与输出之间的关联；等等。

（二）全程性原则

中外合作办学质量保障涵盖于整个办学过程，是在教育教学运行过程中动态形成的。因此，应对办学理念、人才培养目标等战略性要素，对教师、学生、教学实施设备等具体办学要素，以及对教学的准备环节、教学的运行环节和教学的改进环节进行全方位、全过程的监管和调控。同时，根据国际教育理念，充分体现普通高等教育的共性和中外合作办学的个性相结合、社会本位和个人本位相结合的理念，结合人才培养目标，及时调整内容和方法，以达到持续改善的目标。

（三）发展性原则

裴新澍说过，"生物的生活是离不开环境的，所以生物与环境组成了一个系统。由于其中子系统的相互作用和自动调节，于是保持了它们的稳定结构。但是，环境条件经常是要改变的，所以生物的结构和生活习性也不得不随之发生变异。这样，生物适应环境的关系，也就会由一个系统的稳定结构，一次又一次地发展到另一个系统的稳定结构，这样就形成了生物的进化"。生态平衡本身就是一种发展，因为在维护生态系统动态平衡的过程中，需要通过有效地调控，使生态系统的结构更合理，功能更完善，不断增强其抗性和恢复力，进而提高生态系统适应环境的能力。中外合作办学质量保障生态系统调控中，要善于打破不科学、不合理的平衡，克服质量保障生态系统中的不利因素，积极创造有利于系统整体发展的平衡机制，在平衡中促进质量保障生态系统的完善和发展。

二、中外合作办学质量保障生态系统的自我调控

意大利学者奥尔利欧·佩奇（1984）认为："自然界的再生能力就是一种自我调节机制。通过许多年代不断的实验，自然界以其惊人的智慧发展了自我控制、自我调整，成为一切生命有机体中或多或少都存在着的一种调节装置。这种特性称为动态平衡，也给各种生态系统带来了显著的能力，使之能够减少吸收和排斥外来的污染或异常物体。"①

中外合作办学质量保障生态系统为了维持自身的生存和发展，在与环境的适应过程中存在一些有利于系统趋向稳定的自然调控机制。任何事物的发展都有其内在的规律，即客观事物发展过程中的本质联系和必然趋势。规律是客观存在的，是不以人的意志为转移的。人们不能创造规律，但可以认识和把握规律。我们应顺应事物生成发展的自然规律，按照自然规律行事，正如老子的"人法地，地法天，天法道，道法自然"这一论断，告诫人们要遵从事物的客观规律，顺势而为。

教育的基本规律包括"教育受一定社会条件（政治、经济、文化等）的制约并反过来对社会的发展产生影响，教育受教育对象身心发展水平的制约并反过来影响教育对象身心的发展。"

---

① 奥尔利欧·佩奇. 未来一百页——罗马俱乐部总裁的报告 [M]. 汪帼君译，北京：中国展望出版社，1984：5.

著名教育家潘懋元将教育基本规律归纳为教育外部关系基本规律和教育内部关系基本规律，认为"教育外部关系基本规律，指的是教育作为社会的一个子系统与整个社会系统及其他子系统——主要是经济、政治、文化系统之间的相互关系的规律，简称教育外部规律""教育内部关系基本规律，指的是教育作为一个系统，它的内部各个因素或子系统之间的相互关系的规律，简称教育内部基本规律""教育的内部规律和外部规律的关系是相互起作用的，办教育既要遵循外部规律，又要遵循内部规律，应把内、外部规律很好地统一起来，不能把它们分割开。具体地说，一方面，内部规律的运用要受外部规律的制约；另一方面，外部规律必须通过内部规律来实现"。

按照教育规律办事，成为实际工作者和管理者的普遍要求。中外合作办学有其基本规律：第一条基本规律是中外合作办学必须适应和服务于国家改革和发展的大局；第二条基本规律是中外合作办学必须适应和服务于学生的发展和成长。

其一，国家改革和发展的大局是全面建成小康社会，中外合作办学要实现可持续发展，必须主动适应和服务于国家改革和发展的这个大局：一是为全面建成小康社会培养更加"匹配"的高级专门人才，应根据全面建成小康社会的需要对人才培养的目标、规模、质量等作出适时调整。二是为全面建成小康社会提供自然科学、社会科学等研究服务，高等教育领域不仅拥有一支高学术水平的教师队伍，还具备开展科学研究的各种资料和设备仪器，通过科学研究形成科学成果并直接转化为社会生产力，服务于全面建成小康社会。三是为全面建成小康社会直接提供更高质的各类直接服务，例如，通过培训、研讨、函授等立体化方式面向全社会提供各种培训传播科学知识，通过联合攻关、成果转化、技术推广等全方位方式为全面建成小康社会服务，通过高校教师队伍参与到社会建筑、医疗、生活各个领域直接提供服务，并为社会发展提供政策咨询等。四是为全面建成小康社会提供文化传承与创新服务，党的十八大报告强调"文化软实力"建设，高等教育领域不仅是文化的创造者，每所高校都有独特的校园文化，通过在学术、艺术等方面的创作成为文化的创造者，并引领社会文化发展；同时也是文化传承者，是传承中华优秀传统文化、吸收外来先进文化的重要力量。

此外，在全面深化改革中，高等教育领域大有可为。一是高等教育发展是国家创新体系的重要组成，通过探索创新人才培养模式、完善知识创新体系、提升技术创新能力等自身改革直接为创新驱动战略做贡献。二是不同高校的相应学科可以通过教学、科研、研讨等活动为全面深化改革提供政策咨询和决策参考。三是高等教育通过人才培养改革，以满足社会需求和引领经济发展为导向，主动对接产业结构调整与升级，使人才培养不仅覆盖战略性新兴产业，也能符合全面深化改革迫切需要。①

其二，中外合作办学要实现可持续发展，还必须适应和服务于学生的发展和成长。一是在理念层面保证以学生为本。教育是一种培养人的活动，以人为中心，大力开发人力资源，促进人的全面发展，提高人的思想文化素质和各种发展能力，是教育的本质要求，也是教育改革和发展的根本出发点和落脚点。学生是教育过程的终端，是教育的本体。一切教育活动都从学生的发展出发，把学生作为学校教育和管理的根本，时时处处把学生的利益放在首位，从学生的立场和想法出发来开展工作，这是"以学生为本"教育理念的逻辑起点。"以学生为本"内涵丰富：首先，它是一种对学生主体性的肯定。它既强调学生在教育发展中的主体地位，又强调学生在教育发展中的主体作用。其次，它是一种价值取向，强调尊重学生、为了学生和塑造学生。尊重学生，就是尊重学生的价值，尊重学生的独立人格、需求、能力差异、平等性、创造性，尊重学生人性发展的要求；为了学生，即"一切为了学生、为了学生的一切，为了一切学生"，就是关注学生的权利、尊重学生的人格、注重学生个性的发展和潜能的开发，以促进学生自由而全面的发展；塑造学生，是既要把学生塑造成权利的主体，也要把学生塑造成责任的主体。最后，它是一种思维方式。要求教育者在分析、思考和解决一切问题时，要始终关注学生的需求，关注学生的生活世界，把学生的发展本身作为教育教学的目的和核心。

大学是高层次人才的集聚地和培养地，大学的教育者大多文化层次高，学术造诣深，具有较强的社会责任感，更加注重精神上的追求和待遇，更加关注个人的发展机会；大学的受教育者是正在形成的高层次人才。因此，大学应当面向每个学生，突出人的主体地位，尊重教育规律和人才成长规律，区别对待不同学生的发展要求。要着眼于整体人生，强化人的本性特征，体现以人为本的价值取向，培养能够全面发展、具有良好习惯的人才。一切从大学生实际出发，以大学生现实的和未来的社会生活与社会实践为基础，着眼于大学生的发展，使大学生获得全面、协调和可持续的发展。也就是重视学生主体成长成才的客观规律，尊

---

① 陈永福．"四个全面"战略布局下高等教育综合改革研究［D］．福建师范大学博士学位论文，2016：67-68．

重学生个体的主体性。中外合作办学机构和项目必须根据国家改革和发展的大局对自己的合理定位，提出明确的人才培养目标。

二是在制度层面保证以学生为本。学校的教育教学工作应以服务学生全面发展为重点，学校的管理工作及制度设计，应以服务教育教学为重点，尊重学生的人格和个性，要服务于学生发展的需要，为学生发展提供服务，努力为学生的全面发展创造良好条件，实现从管理学生向服务学生的转型。中外合作办学机构和项目要采取积极主动的态度，借鉴跨国（境）教育构建的质量保障体系的基本做法和经验，逐步建立和完善中外合作办学质量保障体系及其运行机制。在入学机会和办学方式方面，在授课制度和学籍管理方面，在教学内容和方法方面，确立起学生的主体地位，着眼于学生的个性发展、全面发展和长远发展，让学生拥有更多的选择、更多的时间、更多的发展机会。把课程与教学改革作为核心来抓，合理引进、有效利用国外优质教育资源，包括教学理念、课程与教材、管理制度、考评方法等，建立一支数量充足、结构优化、素质优良的教师队伍。完善师生广泛参与学校民主决策、民主管理和民主监督的机制，进一步凝聚谋划发展、推动发展的强大力量；靠科学、民主、规范、高效的运行机制，靠健全的规章制度，靠优良的校园文化，靠管理者的人格力量，靠被管理者的自律境界，进一步提高管理的有效性。通过促进人的全面发展来推动学校各项事业的全面协调可持续发展。

三、中外合作办学质量保障生态系统的人工调控

生态平衡是一个动态的概念，维持生态系统的平衡状态并不是简单地维持初始状态，而是随着时间推移，不断地打破旧的平衡，实现新层次的平衡，达到更合理的生态结构。人类行为对环境的影响是一个渐变的长期过程，在轻度的外来干扰下，生态系统可以通过自我调节恢复到平衡状态；在更大的外来干扰下，只要这种干扰没有超出生态系统的承载极限，则人工调控可以帮助其恢复到平衡状态。对生态系统的调控，一要力求平衡，二要力求发展，是平衡和发展的有机统一。中外合作办学质量建设是一项长期的事业，需要在维护生态平衡的基础上，不断促进其发展。中外合作办学质量保障生态系统的人工调节机制主要有市场调控、政府宏观调控等。

（一）市场调控

高等教育只有主动适应社会主义市场经济，才能求得生存和发展。这是由社

会经济对高等教育的制约作用所决定的。这种适应形成的高等教育市场调控机制，主要反映在以下三个方面：

1. 供求关系的制约

这主要通过几个市场来作用：①中外合作办学的生源市场，即由社会上要求接受中外合作办学教育的学生形成的。②中外合作办学的消费市场，即学生对中外合作办学学校和专业的选择，它对中外合作办学的教育理念、教育规模和教育品牌的形成以及大学今后的发展有着深远的影响。③人才市场（特殊的劳动力市场），它形成的基础是社会上各行各业、各单位对中外合作办学人才的需要。④中外合作办学的学术师资市场，中外合作办学的学术师资应包括教师和学术行政人员。中外合作办学的师资市场对其人事管理与政策的影响是直接的。一方面，它使中外合作办学在遴选、任用教师和学术行政人员问题上拥有较大的自由度和自主权；另一方面，师资市场存在的竞争又有助于保护教师和学术行政人员选择大学的权利。⑤科技服务市场，它的形成基础是社会上某些部门、单位对科技成果和科技服务的需要。科学研究、科技服务与大学的办学经费息息相关。只有高质量的科研成果和良好的科技服务才能获得研究项目和研究经费，也才能获得更好的社会声誉。为此，大学不得不制定各种相应的学术政策和制度，提高学术管理效率和水平，以达到激烈竞争的科技服务市场的要求。一般而言，大学都是科学研究的主力军，但对于新兴的中外合作办学，人们往往对其科学研究的能力持观望态度。提高中外合作办学的科研水平和科技服务水平是一个系统工程，包括教学水平的提高与管理、科研风气的培育及加强等，这些环节有待教师和各学术科研人员得到充分的尊重，只有当其积极性被充分调动起来，才能发挥相应的作用。① 这些市场的变化反映出对中外合作办学的双重需求，即个人要求接受中外合作办学教育的需求和社会对中外合作办学人才的需求，它是中外合作办学发展的动力和源泉。供求关系的制约，从宏观上要求中外合作办学的规模、人才培养规格、数量和质量适应这种需求，从微观上要求中外合作办学的学科专业设置、教师的聘用、教学计划的调整、教学和研究设施的改善，以及其他学习与生活条件的完善，必须与社会、经济需求相结合。特别是当社会产业结构发生变化时，通过市场导向要求中外合作办学能主动灵活地调整其政策及行动，在学科结构、教学方法和手段以及应用等方面做相应的调整，以适应社会需求的变化。

---

① 胡亮才. 国际合作办学模式创新［M］. 长沙：湖南师范大学出版社，2008：208-209.

2. 竞争机制的作用

生态位原理表明，处于同一层次的组织、团体或个人之间，由于面临的环境相同或相似，又有着同样的目标需求，因此会产生激烈的竞争。竞争是市场机制的灵魂，健康的市场经济必定有充分的市场竞争，竞争实现资源优化配置，推动社会发展和进步的途径。任何竞争不外乎两种竞争模式：良性竞争和恶性竞争。良性竞争主要是把竞争看作达成目标的手段，在对资源的争夺中优化自我，壮大自身的实力，促进事业的发展和提高；恶性竞争常常通过反市场运行一般规律和基本规则的手段与方式参与竞争，对于市场规则来说，其结果往往具有破坏性，最终致使市场秩序呈现混乱状态。竞争机制与效益观念引入高校，一方面，有利于增强高校的主体意识，提高高校的办学效益和发展能力；另一方面，由于我国高等教育市场化程度不够，我国高校内、外部缺乏成熟有效的制度体系，来规范各种竞争行为，保障市场机制作用的发挥，导致在中外合作办学实践中，非法合作教育机构、非法授予学位、虚假广告宣传、大量计划外招生、高收费等过度追求经济效益、追求功利现象的出现。中外合作办学中出现的这些不良现象恰恰是因为我们对市场化的理解过于片面和狭隘，没有建立起相应的制度体系以保障市场机制和市场文化对我国高校发展发挥作用。反观国外很多高校成功的市场化运作，能使我们更清楚地认识到，良性竞争才是我们极力倡导的市场调节手段。

3. 效益最大化原则的影响

市场竞争的本能是追逐效益，市场主体皆以效益为导向选择竞争策略与行为模式，且追求效益的最大化。同样，高等教育在发展过程中也会追求某种综合指标衡量的最大效益。作为高等教育的一种特殊类型，中外合作办学在初具规模化后的发展路径上必然要突出提高办学质量、增加办学效益。中外合作办学效益的高低反映了中外合作办学的整体水平，如果效益低下，中外合作办学就无法正常运转和持续发展，效益不断提高是中外合作办学可持续发展的重要标志。为了追求最大效益，从宏观上说，要考虑高等教育发展速度、规模和结构与经济发展相适应的协调关系；从微观上说，每所高校都要根据自身条件来考虑发展规模和速度问题。一般而言，办学规模越大，办学效益也就越大。但如果只顾经济效益和短期效益，一味地扩大规模，忽视办学内涵和质量，必将有碍于中外合作办学的生态可持续发展。虽然目前中外合作办学总体规模依然无法完全满足社会需求，还有很大的发展空间，但现阶段随着体量快速扩大后带来的结构性矛盾，内涵性问题逐渐突出，有必要在总体层面上，稳妥地把控发展规模与节奏，做到稳中有进、规模化与内涵式协调发展。中外合作办学稳规模、减速度的关键目的在于调整优化结构、提高质量和增加效益。在发展新时代，中外合作办学应以优化结构、提高发展质量和效益为中心，注重发展的平衡性、协调性和可持续性。①

（二）政府宏观调控

随着社会主义市场经济体制的建立和不断完善，市场调控机制对高等教育体制改革和运行将发挥越来越重要的作用，但它并不是主要的和唯一的影响因素，还需要政府进行适时的宏观调控。政府必须进一步明确自己的角色定位，发挥宏观管理和调控职能，充分利用政策规划、评估监管、信息服务等行政手段对中外合作办学做出有效的管理。

第一，作为市场规则的制定者和执行者，政府应做好制度体系的规划。一方面，政府部门把握教育改革动态和发展方向，结合国家的发展战略主张，从目前办学的现状出发，对未来几年内的发展做出准确的定位与规划。同时，应从政策上鼓励和保障中外合作办学，引进我国急需和稀缺的优质高等教育资源，以促进合作办学的合理布局与均衡发展。对参加合作办学的经济发展较为落后的地区和高校，或者是国家急需的新兴学科和专业，应给予政策上的大力支持和教育经费上的适当扶持。另一方面，政府及时制定或修改与中外合作办学相关的配套法律法规。中外合作办学质量保障主要依赖法律法规进行规范，而中外合作办学的发展是一个动态过程，因此，中外合作办学的健康持续发展需要现有、相关教育法律法规的及时调整和完善。如入口资质的审批与认证；国外优质教育资源的相关信息服务与咨询；教育行政机关的机构设置、权力配置；评估、监管、处罚过程的规范等，政府在政策制定方面应该有一个与时俱进的高度。

第二，政府要充分调动各方的积极性和参与度，对中外合作办学机构或项目，在招生录取、收费、专业规划以及办学质量等方面进行具体运作与施行过程中的管理与监督。尤其是要关注信息平台的建设，要对信息平台进行细化，由国家教育行政部门、省级教育行政部门、办学机构或项目的高校共同建设，三方双向共同管理，盘活信息库，拓宽信息反馈的渠道，使反馈的数据更加快捷、更加真实，为中外合作办学方、学生、家长、用人单位提供实时、有效的信息，对政

---

① 王奕权，郭强．新时代：中外合作办学发展的逻辑与前景［J］．吉林省教育学院学报，2019（3）：148-152.

策的制定起到正确的指导作用。此外，教育行政部门应加强对不同类型高校合作办学活动和不同性质合作办学机构的分类指导与管理，关注差异性，形成自身的办学特色。

四、构建中外合作办学质量保障生态系统生态化的运行机制

机制是一个有机联系的运作系统，其运行过程具有以下内在逻辑关系：确立关系结构—不断相互作用—产生新的功能。在这一过程中，关系结构是基础和框架，相互作用是实际作用的方式和过程，产生功能是交互作用的结果和效应。中外合作办学质量保障系统运行机制将该系统组成一个既有分工又有协作的有机整体，通过各组成部分之间的相互作用，不但可以较好地解决各个治理主体之间的协调问题，而且还能实现对各治理主体的激励、约束和规范，促使系统更好地发挥质量保障的作用，确保中外合作办学健康持续发展。

（一）制度规范机制

制度是中外合作办学质量保障生态系统中各要素之间进行物质、能量、信息交换的渠道和平台。制度对中外合作办学质量具有重要保障作用，其制定与完善是中外合作办学质量管理的必然要求。

1. 修订和完善法律法规

在构建中国特色的跨国高等教育质量保障体系的过程中，必须依法保障跨国高等教育的持续健康发展，应当树立依法办学的理念，以法律为依据，做到有法可依、有法必依。通过系统的法规，有效管理跨国高等教育。中外合作办学在法律制定过程中，要充分考虑世界贸易组织（WTO）教育服务贸易协议的国际法和教育法等相关国内法律的有关规定，就跨国高等教育发展过程中的一些重要问题作出法律规定，对中外合作办学进行规范和管理。使行政部门能够依法行政，办学者能够依法办学，受教育者能够依法寻求法律救济。中外合作办学法制建设要坚持尊重和维护我国教育主权的原则；要兼顾中外合作办学的双重性原则，即其教育的公益性和营利性原则；尊重国际条约并参照国际惯例；切实保护中外合作办学各方合法利益。

（1）适时修订中外合作办学法律法规。

适用于高等教育中外合作办学的法律法规、政策体系，主要以执行了 10 多年的《中华人民共和国中外合作办学条例》（以下简称《中外合作办学条例》）及其实施办法为主。《中外合作办学条例》及其实施办法自颁布实施以来，历经

十几年的发展，中外合作办学在中国发展的市场环境，办学涉及的若干问题都在不断变化，一些条款暴露出一定的滞后性和局限性，造成各管理部门对中外合作办学不能很好地进行规范化的管理，很大程度上影响了合作办学在我国的正常发展，难以满足现阶段中外合作办学日新月异发展实践需要，亟须修订和完善，从法律层面进行理论研究和制度建构，以解决新情况、新问题。例如，《中外合办学条例》主要对高等教育合作办学"引进来"的活动进行了界定和规范，却并没有涉及中外合作办学"走出去"的内容。因此，要把"中外合作办学走出去战略"作为一项重要内容加入相关法规中，用法律的手段进行规范。同时，学历认证关系到受教育者的切身利益，国家有关部门需要制定相应的法律法规，明确对国外学位进行学历认证的条件和标准。对于有关中外合作办学中获得的国外学位也应加以明确规定，为高等教育中外合作办学的发展创造良好的法制环境。此外，《中外合作办学条例》中只明确规定中外合作办学是公益性事业，而《民办教育促进法》却规定可以营利。为了解决教育的公益性和 GATS 规则中有关营利性的矛盾，应修改《教育法》关于营利性的规定，明确营利性教育的合法地位。

（2）完善配套的法律法规体系。

除《中外合作办学条例》和《中外合作办学条例实施办法》外，规范中外合作办学的法律法规还有《中华人民共和国教育法》《中华人民共和国高等教育法》《中华人民共和国职业教育法》《中华人民共和国民办教育促进法》《中华人民共和国学位法》等。随着国际化的开放程度的日益加深，在已有的法律法规框架内，不断完善与教育服务贸易协议一致的关于法人机构、运营程序、评估督导、营利性问题和学历学位认证等方面的内容。此外，目前我国中外合作办学的法律地位还未得到落实，有关外汇管理税收政策、教师发展、学生待遇等配套政策还不完善，实践中需要实施统一的法规政策管理。[①] "政府行政部门应该直面跨境教育中实际存在的服务贸易性质。以及由此带来的利益保护问题，通过教育社团、工商等行政部门的协作研究，制定具有教育法、行政法、民法、合同法、经济法、贸易法、消费者权益保障法、公司法、保险法等基本法律法规支撑的相互衔接的法规。"[②]

---

① 郭丽君. 中国跨国高等教育质量保障体系研究［M］. 北京：社会科学文献出版社，2014：165.
② 张民选. 跨境教育中的学生利益保护［J］. 教育发展研究，2006（4A）.

2. 制定国际认可的质量标准

国外跨境高等教育比较发达的国家的高等教育制度，在其跨境高等教育发展的过程中发挥了重要作用。例如，英国建立了由全国学位与学历的学术标准和质量准则（Frameworks for Higher Education Qualification）、全国各学科教育的学术标准和质量准则（Subject Benchmark）、学校专业的学术标准和质量准则（Program Specifications）以及实施规则（Code of Practice）四部分组成的学术规范体系，该体系为设定和维护英国高等教育的整体质量及水准提供了明确的指导方针和参考标准。

质量标准主要用于规范跨国教育行为，保护跨国教育消费者利益，引导教育目标的发展方向。在 WTO 背景下，我国跨国高等教育质量保障面临的一大问题是质量标准的缺失。"WTO 国民待遇原则要求国内教育与国际教育的质量保障应该一致。目前，无论是国家标准、行业标准还是办学机构的标准，我国跨国高等教育质量与国内教育质量和发达国家教育要求都存在很大差距，难以利用质量标准形成技术壁垒而有效地抵制国外低层次、低质量甚至劣质教育的进入。"[①] 在跨国高等教育发展过程中，如果输入国没有制定国际认可的质量标准，则很容易受到输出国质量标准的强制性介入，导致跨国教育的不平衡和不对等。

因此，制定国际认可的质量标准是当前我国跨国高等教育发展实践提出的紧迫要求，对于我国跨国高等教育的稳定、健康、协调发展有重要的现实意义。

联合国教科文组织（UNESCO）和经济合作与发展组织（OECD）联合发布的《保障跨国界高等教育办学质量的指导方针》，英国高等教育质量保障署（QAA）发布的《英国高等教育学术质量标准与保障实施规定》，澳大利亚大学校长委员会颁布的《澳大利亚大学为国际学生提供教育的准则和方针》，美国高等教育认证委员会（CHEA）颁布的《非美国国民教育项目实施原则》等，这些国际组织和国家推行的指导方针和实施准则，更多地用来发挥跨国高等教育质量保障的基准作用，考虑输入国实情的实施标准较少。

我国在跨国高等教育发展的过程中，尽管已经开始制定一些质量标准，如《中外合作办学评估指标（试行）》《示范性中外合作办学项目评选指标（试行）》等，但这些标准目前还处于起步探索阶段。因此，只有不断丰富完善质

---

① 刘尔思，车伟明，黄镇海. 我国跨境教育的现状与监管体系构建的路径选择［J］. 教育研究，2010（9）.

量保障标准，积极参与国际间高等教育质量保障的交流与合作，努力建立国际公认的跨国高等教育质量标准，才能掌握主动权，保证我国跨国高等教育的健康发展。

3. 建立与国际接轨的认证与评估制度

评估和认证是跨境高等教育输入国和输出国保障高等教育质量的重要手段之一。从目前中国的国情来看，由于"教育质量管理还没有形成相应的技术标准以及监控机制，只能靠政府通过行政方式确定标准和监控"。因此，现阶段我国高等教育评估仍主要以政府力量为主，"即国家通过立法，拨款资助建立或者扶持一个独立的、自治的机构，由该机构以促进学校建立质量保证机制和自评为主要目的，制定标准、要求、计划，组织和培训同行专家对学校的专业、课程进行外部评估，利用外部评估报告和结果，保证和推动高等教育质量，为政府决策提供较为准确和科学的依据"。这种自上而下的跨国高等教育评估制度，有利于调动社会各方参与到中外合作办学质量保障活动中，但随着社会经济的发展，这种模式的弊端越发明显。

根据联合国教科文组织（UNESCO）和经济合作与发展组织（OECD）联合发布的《保障跨国界高等教育办学质量的指导方针》，建立非政府性质的高等教育质量保障和认证组织已成为国际性的趋势。

要建立与社会主义市场经济体制相适应的中外合作办学质量保障体系，必须积极借鉴国际上对跨国高等教育质量保障的通行做法，健全和完善我国社会中介组织和机构，通过中介组织提供政府和社会各界委托的专业化服务，积极探索管、评适度分离的有效机制，促进政府职能的转化，在政府办学机构和社会公众之间构建良好的沟通协作和信息共享桥梁。同时，加强与跨国高等教育输出方质量保障机构和组织的合作，构建具有中国特色并与国际接轨的质量评估体系，真正提高和改善中外合作办学质量，促进中外合作办学的健康发展。

（二）质量监管闭环机制

构建规范有效的监管模式、程序和机制，从事前的审批准入，到事中的监管评估，到事后的处罚退出，形成高效的中外合作办学质量监管闭环机制。

1. 审批准入机制

作为中外合作办学质量保障的第一关口，准入机制不仅是对国家加大对外开放战略进行落实的关键环节，决定着一流资源如何进行规划和布局，还是把握境外教育机构和国内办学机构进行合作门槛、责任担当的入口，是事中监管、事后退出机制的质量保障的根本依据。因此，要从源头抓起，完善中外合作办学的审批准入机制。一是做好顶层设计，对中外合作办学地域分布、学科布局以及机构、项目比例等方面进行宏观规划。同时，确保合作的外方教育机构的层次、学科领域水平，选择质量可靠、信誉好的教育机构作为合作对象，坚持引进优质教育资源的原则。二是在审批环节进行严格把控，对新申请的办学机构和项目的必要性和可行性进行评估和审查，明确准入标准，设定准入门槛。三是强化省级教育行政部门的责任意识和能力建设，使省级教育行政部门对申报项目能够主动把关、有能力把关。[①]

2. 定期评估机制[②]

定期评估是中外合作办学质量监管闭环机制中不可缺少的重要举措。根据中外合作办学包含学士、硕士和博士教育学制时长，建议建立固定周期的事中监管评估机制。周期时长的确定，轮取决于质量保障理念、规律和办学学制，以及评价方式等教育制度性因素。我国本科院校审核评估每 5 年一轮，博士、硕士授权点合格评估每 6 年一轮。中外合作办学可与本科、研究生教育定期评估适度衔接，可论证 5 年或 6 年周期的合理性。在集体制度设计方面，可借鉴研究生教育合格评估的成功案例，在定期评价中强化自评为主、抽评为辅的机制。参与评价的方式、程序、过程及结果应用等自评为主，抽评为辅，随机统一相结合。自评全覆盖，自评中自我检验办学规范和质量保障成效，自定评价结论并予以适度公开；自评体现"放"，尊重办学特色和减少高校负担，体现简约性；抽评按一定比例随机抽取进行，抽评比例一般在当年应参评对象的 0%~30%；抽评与自评结果衔接，抽评结果有问题的严肃处理，抽评体现"管"，通过随机和重点结合，促进自评有效管用，体现严肃性。这样一来，可以大大提高质量保障机制运行的科学性、学术性和高效性。

3. 处罚退出机制

有效的质量保障机制不仅应该通过监控、审核、认证和评估等手段加强质量管理，还应该通过对违法办学制裁、不合格办学的淘汰退出机制，来提高中外合作办学的整体效益和办学质量。

《中外合作办学条例》第五十六条、第五十七条明文规定："中外合作办学

① 林金辉，刘梦今．论中外合作办学的质量建设［J］．教育研究，2013（10）：72-78.

② 林梦泉等．新时代中外合作办学质量治理体系构建理论与实践探究［J］．中国高教研究，2020（10）：9-15.

机构管理混乱、教育教学质量低下，造成恶劣影响的，由教育行政部门、劳动行政部门按照职责分工责令限期整顿并予以公告；情节严重、逾期不整顿或者经整顿仍达不到要求的，由教育行政部门、劳动行政部门按照职责分工责令停止招生、吊销中外合作办学许可证。""发布虚假招生简章，骗取钱财的，由教育行政部门、劳动行政部门按照职责分工，责令限期改正并予以警告；有违法所得的，退还所收费用后没收违法所得，并可处以 10 万元以下的罚款；情节严重的，责令停止招生、吊销中外合作办学许可证；构成犯罪的，依照刑法关于诈骗罪或者其他罪的规定，依法追究刑事责任。"我国跨国高等教育的具体办学过程中，应注重依据相关法律法规，真正做到执法必严，违法必究，并真正落实执法机构的相关责任、权力与义务。《中外合作办学条例》还对中外合作办学机构终止和财务清算进行了规定，但在我国对不合格办学机构的退出清算过程中，教育行政部门承担的管理成本太大，使管理部门很不愿意走"关校"这步棋，若不关掉这类不合格办学机构，又无法建立正常的教育市场秩序就会损害消费者（学生、家长）的利益，使管理部门处于两难境地。

2016 年 2 月，中共中央办公厅、国务院办公厅印发的《关于做好新时期教育对外开放工作的若干意见》中指出，中外合作办学要"完善准入制度，改革审批制度，开展评估认证，强化退出机制"。退出机制是中外合作办学可持续发展的重要举措，也是保障中外合作办学质量建设和健康发展的根基。退出机制的运行，即对中外合作办学进行更新换代、汰劣选优，不仅有利于引导办学者集中办学资源、服务学校"双一流"建设，提升学校办学实力和办学声誉；还有利于增强中外合作办学自身活力，充分发挥中外合作办学对高等教育发展的示范引领作用；更有利于促进中外合作办学提质增效，有利于完善监管体制，实现治理体系现代化。退出机制的运行，标志着中外合作办学开始由规模发展向内涵建设转变。退出机制有自主退出和被评不合格终止办学两种基本形式，退出机制的建立需要相关政策法规的保障和相应的配套条件支持，因此要制定切实可行的政策措施，使退出过程合理、规范，确保学生和教师的权益不受侵犯。

（三）整合协作机制

中外合作办学质量保障系统作为一个具有多元主体和多重功能的复杂系统，其复杂关系是客观存在的。这个系统内既存在教师、行政人员、学生等内部质量保障主体，又存在政府、用人单位、校友、家长、中介组织、媒体等外部质量保障主体。在这个系统中，每一个主体都是不可或缺的，都有其不可替代的作用和价值。按照系统论的观点，有机整体的功能大于其组成部分功能之和，正如恩格斯曾经指出的，"许多人协作，许多力量结合为一个总的力量，用马克思的话来说，就造成'新的力量'，这种力量和它的一个个力量的总和有本质的差别"。中外合作办学的质量保障要求原来各自独立的主体和机构通过有机联系后，形成相互合作、相互制约的有机整体，其所形成的整体功能大于或优于整合之前单个主体功能简单相加之和。通过各方资源的整合，多元主体关系的梳理，将各方的利益和行动统一起来，实现中外方合作者以及多元主体间的联合与协作，达到优质教育资源的引进与吸收，服务于中外合作办学质量保障工作。

1. 国内多部门的协作机制

跨高等教育的管理是一个系统工程，涉及方方面面的内容。提高跨国高等教育的质量包含以下几方面：

首先，结合我国教育发展战略规划制定跨境教育战略发展目标，从国家层面上构建具有全球化意识的跨境教育战略发展目标和发展规划，加强对我国参与跨国高等教育、发展中外合作办学的顶层设计和统筹规划，引导各地政府根据其经济发展水平和社会发展需求，做好本地中外合作办学发展的统筹规划。同时，调整国家层面主管部门管理的政策职能，建立专门的质量保障和风险控制平台，在现有部门机构的基础上组建国家跨境教育质量监管中心，实施对全国各类跨境教育的统一监管。

其次，跨国高等教育管理不仅涉及各级教育行政部门，还涉及工商、税务、金融、人力资源与社会保障等多个部门。应充分发挥政府的统筹协调功能，进一步明确跨国高等教育涉及的相关部门的职责分工，加强各部门多方面的协同效应，明确各部门之间的责任和义务，加强部门间的沟通与合作，构建跨国高等教育监管工作的部门协调机制，公开监控程序，加强内外结合，上下协调的全方位监管的质量保障体系的建设。新加坡为了保障跨国高等教育的质量，推行了有效的跨部门合作机制，即跨国高等教育的管理由政府干预，旅游局教育服务署，经济发展局，国际企业发展局和教育部等多个部门协同管理。[①] 经济发展部门帮助引进或推广跨境高等教育，私立院校由私立教育理事会负责，跨境高等教育教学由教育部负责，财务亏损由税务局负责，教育纠纷由警署介入，因此我国可以认

---

① 强海燕. 东南亚教育改革与发展（2000—2010）[M]. 广州：广东高等教育出版社，2010：212.

真借鉴和效仿新加坡的做法，打破部门主义的限制，客服"功能性短视"，从国家到地方逐级建立健全职能不交叉，分工合理的跨国高等教育跨部门合作机制，充分调动社会各部门的积极性。①

2. 国际的参与合作机制

跨国高等教育的发展，离不开对方的支持与合作，只有建立与世界有关国家和地区的高等教育合作协调机制，才能全面、动态地收集境外教育机构办学的信息资料，对跨国高等教育进行有效的质量保障。在这种国家合作与交流中，可以以区域化为起点，构建区域内学历学位互认体系和跨国高等教育质量控制标准体系，通过区域化运作延伸或扩展到全球其他地区，形成积极参与，协调统一，以我为主，保持特色，互为兼顾的质量保障体系。② 同时，应积极关注国际组织有关跨国高等教育的一些基本立场，把握跨国高等教育的发展动态，及时制定和调整跨国高等教育质量保障的应对措施。不仅如此，"中国应参加到所有的重要国际组织中，融入其中，参与其中，参加各种国际规则的制定和修改进程，在体系内部维护中国的利益，维护国际和平，使中国成为国际体系中的主流国家，提高中国在国际事务中的作用"。③ 在国际质量保障机构网络组织不断发展的今天，要想维护自身的国际利益，必须积极参与建立新的国际或地区性质量保障规范活动，以赢得更大的发展空间。④ 加入国际或地区性质量保障网络组织，那么作为会员国可以参与这些组织的日常活动，并对其现有运行制度不合理的方面进行建议和改造，使这些组织规定的原则、决策程序向更有利于保护和促进自身利益的方向发展。因此，中国教育质量保障机构应积极加入国际或地区性质量保障机构网络组织，利用国际组织维护和谋求自身的利益，推动自身的发展。除此之外，我们还应更积极地参与这些组织的工作，争取担任职务，以合作和交流的方式加强中国评估机构在亚太地区的话语权，在亚太地区发挥与中国政治、经济地位相匹配的重要作用。

（四）协调沟通机制

利益的实现是办学的最终目的，而利益协调是办学过程中必然要经历的过

① 张进清. 跨境高等教育研究 ［D］. 西南大学博士学位论文，2012：157.

② 郭丽君. 中国跨国高等教育质量保障体系研究 ［M］. 北京：社会科学文献出版社，2014：170-171.

③ 叶自成. 中国实行大国外交战略势在必行——关于中国外交战略的几点思考 ［J］. 世界经济与政治，2000（1）.

④ 江彦桥. 促进教育质量保障活动的国际合作 ［J］. 中国高等教育评估，2007（1）.

程。对于中外合作办学而言，中外合作办学的合作方跨越国界，是双方在动机各异、利益需求不一、资源水平有较多差异的情况下组成的经济文化利益共同体，矛盾与冲突不可避免。利益协调是改变利益冲突的格局，消解情感和认识上的差异，实现互助合作的过程。和谐与合作是国际合作的积极要素，合作可以促进和谐，和谐与合作是通过对话和沟通实现的国际合作形式，是观念、态度、行为和目标等要素和谐互动的状态。广泛的对话、沟通和互动是治理的主要推动力，也是实现自我调节的动力来源。

中外双方及各利益相关者需要强化协调沟通机制：一是建立完善的治理结构和例会制度；二是强调《中外合作办学条例》以及其他我国法律法规和院校遵循的质量认证或评估的标准要求；三是利用共同利益与目标来化解中外双方矛盾；四是可以在董事会或理事会中设置由第三方机构或校友与用人单位代表担任的独立成员，在其中发挥协调作用。[1]

---

① 孟韬. 基于网络治理理论的中外合作办学质量保障体系研究 [J]. 高教探索，2017（7）：19-22.

参考文献

一、中文著作

［1］袁振国．中国教育政策评论［M］．北京：教育科学出版社，2006.

［2］王剑波．跨国高等教育与中外合作办学［M］．济南：山东教育出版社，2005.

［3］龚思怡．高校中外合作办学模式运行机制的研究［M］．上海：上海大学出版社，2007.

［4］戴晓霞．高等教育市场化［M］．北京：北京大学出版社，2004.

［5］菲利普·G. 阿特巴赫．比较高等教育：知识，大学与发展［M］．北京：人民教育出版社，2001.

［6］吴松，吴芳和．WTO 与中国教育发展［M］．北京：北京理工大学出版社，2001.

［7］郑富智，范文耀．高等教育发展政策国别报告［M］．北京：科学教育出版社，2002.

［8］王啸．全球化与中国教育［M］．成都：四川人民出版社，2002.

［9］陈学飞．高等教育国际化：跨世纪的大趋势［M］．福州：福建教育出版社，2002.

［10］雅克·德洛克．学习——内在的财富［M］．北京：中国教育科学出版社，1998.

［11］邬志辉．教育全球化——中国的视点与问题［M］．上海：华东师范大学出版社，2004.

［12］经济合作与发展组织．重新定义第三级教育［M］．北京：高等教育出

版社，2002.

　　［13］靳希斌．国际教育服务贸易研究［M］．福州：福建教育出版社，2005.

　　［14］沈紫金，吴松．WTO与中国高等教育发展［M］．北京：北京理工大学出版社，2002.

　　［15］郭丽君．大学教师聘任制——基于学术职业视角的研究［M］．北京：经济管理出版社，2007.

　　［16］顾建新．跨国教育发展理念与策略［M］．上海：学林出版社，2008.

　　［17］埃里克·古尔德．公司文化中的大学［M］．吕博，张鹿译．北京：北京大学出版社，2005.

　　［18］伯顿·R.克拉克．高等教育系统——学术组织的跨国研究［M］．王承绪等译．杭州：杭州大学出版社，1994.

　　［19］约翰·布鲁贝克．高等教育哲学［M］．王承绪等译．杭州：浙江教育出版社，2001

　　［20］伯顿·R.克拉克．建立创业型大学：组织上转型的途径［M］．王承绪等译．北京：人民教育出版社，2003.

　　［21］康宁．中国经济转型中高等教育资源配置的制度创新［M］．北京：教育科学出版社，2005.

　　［22］张维迎．大学的逻辑［M］．北京：北京大学出版社，2005.

　　［23］赵彦志．收益、风险与监管：中外合作办学的经济分析［M］．北京：中国社会科学出版社，2010.

　　［24］陈玉琨．高等教育质量保障体系概论［M］．北京：北京师范大学出版社，2004.

　　［25］顾建新．跨国教育发展理念与策略［M］．上海：学林出版社，2008.

　　［26］马世骏．现代生态学透视［M］．北京：科学出版社，1990.

　　［27］吴鼎福，诸文蔚．教育生态学［M］．南京：江苏教育出版社，1990.

　　［28］高志强，郭丽君．学校生态学引论［M］．北京：经济管理出版社，2015.

　　［29］范国睿．教育生态学［M］．北京：人民教育出版社，2000.

　　［30］任凯，白燕．教育生态学［M］．大连：辽宁教育出版社，1992.

　　［31］曹凑贵．生态学概论［M］．北京：高等教育出版社，2006.

［32］蔡晓明．生态系统生态学［M］．北京：科学出版社，2000.

［33］赵文华．高等教育系统论［M］．南京：广西师范大学出版社，2002.

［34］贺祖斌．高等教育生态论［M］．南京：广西师范大学出版社，2005.

［35］范国睿等．共生与和谐：生态学视野下的学校发展［M］．北京：教育科学出版社，2011.

［36］赵泽虎，颜世颀．从治理到善治：生态学视野中的大学治理研究［M］．苏州：苏州大学出版社，2012.

［37］张民选，李亚东等．中外合作办学认证体系的构建与运作［M］．北京：高等教育出版社，2010.

二、期刊论文

［38］王加强，范国睿．教育生态分析：教育生态研究方式初探［J］．教育理论与实践，2008（7）.

［39］王加强．教育生态研究方式的进展与反思［J］．上海教育科研，2010（11）.

［40］吴鼎福．教育生态的基本规律初探［J］．南京师范大学学报（社会科学版），1989（3）.

［41］吴鼎福．教育生态学刍议［J］．南京师范大学学报（社会科学版），1988（3）.

［42］贺祖斌．高等教育系统的生态承载力研究［J］．高等教育研究，2005（2）.

［43］贺祖斌．高等教育系统的生态学阐释［J］．黑龙江高教研究，2012（12）.

［44］贺祖斌．高等教育制度生态环境及其优化［J］．现代大学教育，2004（3）.

［45］贺祖斌．论高等教育系统与环境的生态平衡［J］．大学·研究与评价，2007（5）.

［46］蹇兴东，孙小伍．试论我国高等教育生态环境［J］．黑龙江高教研究，2002（2）.

［47］赵丽．跨国办学的理论和实践研究［D］．华东师范大学博士学位论文，2005.

［48］王凤产．教育生态系统复杂性探讨［J］．中国电化教育，2011（5）．

［49］王凤产．教育生态系统探索［J］．河南工业大学学报，2011（4）．

［50］王凤产．试探教育生态规律［J］．河南师范大学学报（哲学社会科学版），2011（4）．

［51］黄志勇．生态管理：高等教育质量管理发展的新境界［J］．高等工程教育研究，2014（9）．

［52］蹇兴东，孙小伍．试论我国高等教育生态环境［J］．黑龙江高教研究，2002（2）．

［53］周满生．国际教育服务贸易的新趋向及对策研究［J］．教育研究，2003（1）．

［54］于尔根·施瑞尔．“博洛尼亚进程”：新欧洲的“神话”？［J］．北京大学教育评论，2007（2）．

［55］董秀华．能力建设视野中的中澳合作办学［J］．教育发展研究，2008（1）．

［56］张力等．从战略高度研究中外合作办学［J］．上海教育，2005（10）．

［57］姜丽娟．从WTO-GATS规范论跨国高等教育的质量议题［J］．复旦教育论坛，2005（6）．

［58］林金辉．中外合作办学中引进优质教育资源问题研究［J］．教育研究，2012（10）．

［59］林金辉．中外合作办学基本规律及其运用［J］．江苏高教，2012（1）．

［60］林金辉．规范·健康·有序——林金辉教授谈中外合作办学［N］．人民日报，2010-08-27．

［61］林金辉，刘志平．中外合作办学中优质高等教育资源的合理引进与有效利用［J］，教育研究，2007（5）．

［62］刘波．基于网络治理的高等教育运作机制研究［J］．中国软科学，2009（2）．

［63］顾建新．跨国教育的发展现状与政策建议［J］．教育发展研究，2007（7-8）．

［64］谭贞．国外优质教育资源的引进与模式优化［J］．教育与经

济，2007（3）．

[65] 何达情．共享质量的跨国界高等教育模式探析［J］．理论月刊，2007（2）．

[66] 刘娜，许明．欧洲跨国高等教育的动因，模式与问题［J］．比较教育研究，2005（6）．

[67] 谭向明．由"划桨者"向"掌舵者"角色转变——上海市中外合作办学宏观管理现状、问题与对策［J］．中国高等教育评估，2007（2）．

[68] 董秀华．跨境教育的能力建设与我国中外合作办学问题研究［J］．清华教育研究，2007（5）．

[69] 熊志翔．高等教育质量保障体系探析［J］．当代教育论坛，2003（3）．

[70] 徐庆军，曹爱金．中外合作办学质量的影响因素及对策分析［J］．比较教育研究，2008（10）．

[71] 严新平．对英国高等教育质量保障体系的认识［J］．高教发展与评估，2005（1）．

[72] 阳金萍．中外合作办学质量保证体系初探［J］．煤炭高等教育，2004（5）．

[73] 杨丽辉，黄建如．英国跨国高等教育的发展动因及策略探析［J］．比较教育研究，2009（5）．

[74] 叶光煌．中外合作办学引进国外优质教育资源探析［J］．集美大学学报，2006（2）．

[75] 张彩霞，周保平．质量认证与中外合作办学发展［J］．管理文化，2014（3）．

[76] 章丽辉，齐桂芳，安家爽．上海交大—巴黎高科卓越工程师学院中法合作办学的国际化特点［J］．上海交通大学致远季刊，2013（1）．

[77] 张文舜，王素珍，侯桃．中外合作办学政策变迁研究及其动因分析［J］．江西教育学院学报，2014（4）．

[78] 赵彦志．加强自我监管建立中外合作办学风险监管机制［J］．中国高等教育，2010（1）．

[79] 董秀华．上海中外合作办学现状与未来发展透视［J］．教育发展研究，2002（9）．

[80] 夏人青，张民选．高等教育国际化：从政治影响到服务贸易［J］．教

育发展研究，2004（1）.

[81] 江彦桥. 中外合作办学政策失真及其对策措施 [J]. 复旦教育论坛，2005（3）.

[82] 栗晓红，姜凤云. 西方关于跨国高等教育的研究：概念与问题 [J]. 北京大学教育评论，2007（2）.

[83] 徐小洲，张剑. 亚太地区跨国教育的发展态势与政策因应 [J]. 高等工程教育研究，2005（2）.

[84] 奥勒夫·尼尔逊，谢尔·尼尔逊. 新国际化：竞争与合作 [J]. 教育发展研究，2007（7-8）.

[85] 于尔根·安德斯. 高等教育，国际化与民族国家 [J]. 北京大学教育评论，2003（3）.

[86] 张乐天. 从教育服务承诺看高等教育的政策调整 [J]. 复旦教育论坛，2003（1）.

[87] 俞培果，王大燕. 高等教育服务贸易有关问题的国际讨论及其启示 [J]. 外国教育研究，2005（10）.

[88] 乌利希·泰希勒. 欧洲化、国际化、全球化——高等学校何处去？[J]. 北京大学教育评论，2003（1）.

[89] 俞培果，沈云，王大燕. 高等教育国际维度的发展与术语演变 [J]. 江苏高教，2006（1）.

[90] 张民选. 跨境教育中的学生利益保护 [J]. 教育发展研究，2006（4）.

[91] 戴晓霞. 高等教育的国际化：外国学生政策之比较研究 [J]. 2004（5）.

[92] 林金辉，刘志平. 论高等教育中外合作办学的规范与引导 [J]. 江苏高教，2007（6）.

[93] 章新胜. 认真学习贯彻实施《中外合作办学条例》[J]. 中国高等教育，2003（11）.

[94] 张蕾，杨艳，张淑玲. 中外合作办学实践中的法律问题及法律建议 [J]. 高等教育研究，2001（3）.

[95] 肖地生，顾冠华. 全球化视野下的中外合作办学 [J]. 黑龙江高教研究，2003（5）.

［96］赵中建．无边界的高等教育——访英国伦敦大学教育学院黎安琪教授［J］．全球教育展望，2002（1）．

［97］安德鲁斯·巴巴兰．高等教育的国际供给：大学需要《服务贸易总协定》吗？［J］．全球教育展望，2003（3）．

［98］从教育服务贸易到跨境教育——第二届教育服务贸易论坛侧记［J］．教育研究，2004（6）．

［99］张慧洁．跨境教育服务贸易中质量认证：进展与趋势［J］．复旦教育论坛，2005（6）．

［100］黄慧心．全球化教育对中国教育发展的影响与启示［J］．复旦教育论坛，2005（2）．

［101］张力．我国高等教育发展的宏观背景和若干政策思考［J］．国家教育行政学院学报，2005（12）．

［102］谢爱磊，唐安国．高等教育国际化中的"新跨国主义"［J］．全球教育展望，2006（7）．

［103］郭丽君．跨国高等教育：问题与审思［J］．江苏高教，2007（3）．

［104］郭丽君．全球化境遇中高等教育价值观的嬗变及政策转型［J］．辽宁教育研究，2007（9）．

［105］郭丽君．跨国高等教育：内涵与动因［J］．江苏高教，2008（6）．

［106］叶林．美国大学在日分校的历史、现状和将来［J］．清华大学教育研究，2005（1）．

［107］王超．欧洲高等教育区一体化与多元化并存的合理性，实质及其启示［J］．外国教育研究，2008（2）．

［108］施晓光，郑砚秋．欧盟"伊拉斯莫计划"及其意义［J］．大学·研究与评价，2007（7-8）．

［109］教育部有关负责人．中外合作办学新政策解读［J］．中国高等教育，2004（20）．

［110］汪利兵，梁金慧．《亚太地区高等教育学历，文凭和学位相互承认地区公约》的内容，实施进展及问题［J］．比较教育研究，2005（10）．

［111］课题组．发展中外合作办学加大利用境外教育资源力度［J］．教育发展研究，2001（3）．

［112］陈至立．我国加入 WTO 对教育的影响和对策研究［J］．人民教育，

2002 （3）．

［113］张民选．新加坡案例：拓展国际教育：建设世界校园 ［J］．高等教育研究，2004 （2）．

［114］卢乃桂，张永平．全球化背景下高等教育领域中的政府角色变迁 ［J］．北京大学教育评论，2007 （1）．

［115］刘文婕，杨明．论教育全球化冲击的性质和特点 ［J］．教育科学，2002 （6）．

［116］徐洁．我国中外合作办学的现状及其存在的问题 ［J］．中国高教研究，2003 （10）．

［117］杨辉．中外合作办学模式初探 ［J］．教育评论，2004 （4）．

［118］张强，张欢．GATS 与教育的监管框架——以中外合作办学为例 ［J］．科技进步与对策，2002 （5）．

［119］张焕玲，朝霞．北京市中外合作办学现状分析 ［J］．中国成人教育，2004 （1）．

［120］李军．规范中外合作举办学位与研究生教育的思考 ［J］．中国高等教育，2003 （11）．

［121］李顺碧，吴志功．WTO 框架下的英国高等教育服务贸易 ［J］．比较教育研究，2005 （6）．

［122］王敏丽．中外合作办学的策略思考 ［J］．教师教育研究，2004 （2）．

［123］胡焰初．WTO《服务贸易总协定》与中外合作办学的立法 ［J］．武汉大学学报（社会科学版），2002 （2）．

［124］龚思怡．中外合作办学提升高校竞争能力 ［J］．教育发展研究，2005 （12）．

［125］覃美琼．中外合作办学现状与对策建议 ［J］．高等教育研究，2006 （5）．

［126］王福银，张宝蓉．外国优质高等教育中国化的新探索 ［J］．中国高等教育，2005 （15-16）．

［127］姜乃强，冯华．教育对外开放新格局显现活力 ［N］．中国教育报，2006-10-25.

［128］中外合作办学与高等教育创新——第七届教育政策分析高级研讨会

综述 [J].教育研究，2006（2）.

[129] 温正胞.服务商品：国际贸易背景下的高等教育新属性 [J].比较教育研究，2008（1）.

[130] 马金森.全球化背景下高等教育公私属性的思考 [J].教育发展研究，2007（3）.

[131] 许长青.高等教育国际化：欧洲案例研究 [J].外国教育研究，2008（1）.

[132] 约翰内斯·威尔特.高等教育全球化的挑战——学术研究者视野中的德国博洛尼亚进程 [J].高等教育研究，2007（12）.

[133] 欧阳光华.一体与多元——欧盟教育政策述评 [J].比较教育研究，2005（1）.

[134] 陆华.博洛尼亚进程中法国的四种声音：一体化 VS 保持特性 [J].比较教育研究，2006（9）.

[135] 王超.欧洲高等教育区一体化与多元化并存的合理性、实质及其启示 [J].外国教育研究，2008（12）.

[136] 孙曼丽，许明.跨国高等教育监管体系的国际比较 [J].比较教育研究，2008（7）.

[137] 毕家驹.国际高等教育质量保证的发展动向 [J].中国高等教育评估，2006（4）.

[138] 耿益群.全球化背景下的欧盟高等教育国际化政策研究 [J].复旦教育论坛，2007（2）.

[139] 汪怿.国际视野下的专业资格互认：现状及其动向 [J].高等工程教育研究，2008（3）.

[140] 张民选.跨境教育与质量保障的利益相关者分析 [J].教育发展研究，2007（12）.

[141] 黄超英.高等教育国际质量保证和认证的模式 [J].复旦教育论坛，2006（4）.

[142] 黄建如.澳大利亚政府在跨国高等教育贸易中的角色分析及启示 [J].煤炭高等教育，2008（3）.

[143] 高云.澳大利亚跨国教育风险规避策略分析 [J].教育发展研究，2008（9）.

［144］冯国平．德国高等教育国际化的最新进展：跨国高等教育的兴起［J］．金华职业技术学院学报，2008（6）．

［145］何斌，孙树栋．跨国高等教育发展的理念创新初探［J］．高等教育研究，2008（6）．

［146］卢乃桂，罗云．西方高等教育的企业化进路［J］．高等教育研究，2005（7）．

［147］牛欣欣，洪成文．"入世"后新加坡高等教育发展的实践探索［J］．比较教育研究，2005（9）．

［148］徐洁．我国中外合作办学质量观念与质量控制［J］．宁波大学学报（教育科学版），2005（3）．

三、外文文献

［149］Amburgey T L, Rao H. Organizational Ecology：Past, Present, and Future Directions［J］. Academy of Management Journal, 1996, 39（5）：1265-1286.

［150］Ashby E. Universities：British, Indian, African：A Study in the Ecology of Higher Education［M］. Cambridge, MA：Harvard University Press, 1996.

［151］Bakry S H, Alfantookh A. Higher Education for the 21st Century：Reviews and KC-STOPE Views［J］. Evaluation in Higher Education, 2009, 3（2）：87-112.

［152］Becker F D, Sommer R, Bee J, et al. College Classroom Ecology［J］. Sociometry, 1973, 36（4）：514-525.

［153］Bowers C A, Flinders D J. Responsive Teaching：An Ecological Approach to Classroom Patterns of Language, Culture, and Thought［M］. New York：Teachers College Press, 1990.

［154］Bowers C A. Critical Essays on Education, Modernity, and the Recovery of the Ecological Imperative［M］. New York：Teachers College Press, 1993.

［155］Bowers C A. Ecology, Spirituality & Education：Curriculum for Relational Knowing（Book）［R］. Encounter, 2003.

［156］Bronfenbrenner U. The Ecology of Human Development［M］. Cambridge, MA：Harvard University Press, 1979.

［157］Bronfenbrenner U. Toward an Experimental Ecology of Human Development [J]. American Psychologist, 1977, 32 (32): 513-531.

[158] Chris Gayford. Biodiversity Education: A Teacher's Perspective [J]. Environmental Education Research, 2000, 6 (4): 347-361.

[159] Church M A, Elliot A J, Gable S L. Perceptions of Classroom Environment, Achievement Goals, and Achievement Outcomes [J]. Journal of Educational Psychology, 2001, 93 (1): 43-54.

[160] Cremin L. A. Public Education [M]. New York: Basic Books, 1976.

[161] Crosling G, Nair M, Vaithilingam S. A Creative Learning Ecosystem, Quality of Education and Innovative Capacity: A Perspective from Higher Education [J]. Studies in Higher Education, 2015, 40 (7): 1147-1163.

[162] Davenport T H, Prusak L. Information Ecology: Mastering the Information and Knowledge Environment [M]. New York: Oxford University Press, 1997.

[163] Doyle W. Learning the Classroom Environment: An Ecological Analysis [J]. Journal of Teacher Education, 2016, 28 (6): 7-14.

[164] Eggleston J. The Ecology of the School [M]. London: Methuen, 1977.

[165] Eisner E W. The Ecology of School Improvement [J]. Educational Leadership, 1988, 45 (5): 24-29.

[166] Fleith D D S. Teacher and Student Perceptions of Creativity in the Classroom Environment [J]. Roeper Review, 2000, 22 (3): 148-153.

[167] Fraser B J, Walberg H J. Educational Environments: Evaluation, Antecedents and Consequences [M]. Oxford: Pergamon Press, 1991.

[168] Fraser B J. Classroom Environment Instruments: Development, Validity and Applications [J]. Learning Environments Research, 1998, 1 (1): 7-34.

[169] Glenda Crosling, Mahendhiran Nair, Santha Vaithilingam. A Creative Learning Ecosystem, Quality of Education and Innovative Capacity: A Perspective from Higher Education [J]. Studies in Higher Education, 2015, 40 (7): 7-14.

[170] Golley F B. A History of the Ecosystem Concept in Ecology [J]. Isis, 1993, 88 (2): 731-731.

[171] Goodlad J I. The Ecology of School Renewal: Eighty-sixth Yearbook of the National Society for the Study of Education, Part I [M]. Chicago: The University of Chicago Press, 1987.

[172] Hale M, Golley F. Ecology in Education [R]. Quarterly Review of Biology, 1995.

[173] Hamilton S F. Synthesis of Research on the Social Side of Schooling [J]. Educational Leadership, 1983, 40 (5): 65-72.

[174] Hannan M T, Freeman J. Organizational Ecology. Cambridge [M]. MA: Harvard University Press, 1989.

[175] Hawley A. H. Human Ecology: A Theory of Community Structure [M]. New York: Ronald Press, 1950.

[176] J. L. Chapman, M. J. Reiss. Ecology: Principles and Applications [M]. Cambridge: Cambridge University Press, 1999.

[177] Jessica S. Hayes - Conroy, Robert M. Vanderbeck. Ecological Identity Work in Higher Education: Theoretical Perspectives and a Case Study [J]. Ethics Place & Environment, 2005, 8 (3): 309-329.

[178] Johnson, Edward. Environmental Education and Advocacy: Changing Perspectives of Ecology and Education [M]. Cambridge: The University Press, 2005.

[179] Keller, Golley. Ed. The Philosophy of Ecology: From Science to Synthesis [M]. Georgia: The University of Georgia Press, 2000.

[180] Kim P. Evolution in the 21st Century Higher Education Ecosystem [R]. Title world Conference on E-learning in Corporate, 2010.

[181] Krebs C J. Ecology: The Experimental Analysis of Distribution and Abundance [J]. Quarterly Review of Biology, 1972, 48 (1): 133-148.

[182] Lewis D S. Global Educational Ecosystem: Case Study of a Partnership with K - 12 Schools, Community Organizations, and Business [R]. Proquest Llc, 2010.

[183] Luisa Carvalho T C, Dominguinhos P. Creating an Entrepreneurship Ecosystem in Higher Education [R]. New Achievements in Technology Education & Development, 2010.

[184] Marshall P D, Losonczy - Marshall M. Classroom ecology: Relations between Seating Location, Performance, and Attendance [J]. Psychological Reports, 2010, 107 (2): 567.

[185] Michael Bonnett. Education for Sustainable Development: A Coherent Phi-

losophy for Environmental Education？ ［J］. Cambridge Journal of Education，1999，29（3）：313-324.

［186］ Odum E P. The Strategy of Ecosystem Development ［J］. Science，1969，164（3877）：262-270.

［187］ Odum. E. P. Basic Ecology ［M］. New York：CBS College Publishing，1983.

［188］ Patterson G. Harmony Through Diversity：Exploring an Ecosystem Paradigm for Higher Education ［J］. Journal of Higher Education Policy & Management，2004，26（1）：59-74.

［189］ Ramakri Shnan. Ecology and Sustainable Development ［R］. National Book Trust，India，2001.

［190］ Robert Sommer. Classroom Ecology and Acquaintanceship ［J］. Educational Psychology，2006，9（1）；63-66.

［191］ Russell J L，Knutson K，Crowley K. Informal Learning Organizations as Part of an Educational Ecology：Lessons from Collaboration Across the Formal-informal Divide ［J］. Journal of Educational Change，2013，14（3）：259-281.

［192］ Starr C. Education for Industrial Ecology ［J］. Proceedings of the National Academy of Sciences of the United States of America，1992，89（3）：868.

［193］ Terence O'Connor. Educational Ecology and Educational Reform ［J］. Review of Education，Pedagogy，and Cultural Studies，1985（1）：114.

［194］ Trow M. Problems in the Transition from Elite to Mass Higher Education ［J］. Educational Problems，1973（1）：57.

［195］ Trow M. The Expansion and Transformation of Higher Education ［J］. International Review of Education，1972，18（1）：61-84.

［196］ Viacava K R，Pedrozo E A. Higher Education in Management：Reinventing the Paradigm to Gain the Capacity to Handle Today's Complexity ［J］. On the Horizon，2010，18（1）：45-52.

［197］ Waller W W. The Sociology of Teaching ［M］. New York：John Wiley，1965.

［198］ Worster D. Nature's Economy：A History of Ecological Ideas ［M］. New York：Cambridge University Press，1994.

附　录

附录1　中华人民共和国中外合作办学条例

《中华人民共和国中外合作办学条例》于2003年2月19日于国务院第68次常务会议通过，自2003年9月1日起施行。

第一章　总则

第一条　为了规范中外合作办学活动，加强教育对外交流与合作，促进教育事业的发展，根据《中华人民共和国教育法》《中华人民共和国职业教育法》和《中华人民共和国民办教育促进法》，制定本条例。

第二条　外国教育机构同中国教育机构（以下简称中外合作办学者）在中国境内合作举办以中国公民为主要招生对象的教育机构（以下简称中外合作办学机构）的活动，适用本条例。

第三条　中外合作办学属于公益性事业，是中国教育事业的组成部分。

国家对中外合作办学实行扩大开放、规范办学、依法管理、促进发展的方针。

国家鼓励引进外国优质教育资源的中外合作办学。国家鼓励在高等教育、职业教育领域开展中外合作办学，鼓励中国高等教育机构与外国知名的高等教育机构合作办学。

第四条　中外合作办学者、中外合作办学机构的合法权益，受中国法律保护。

中外合作办学机构依法享受国家规定的优惠政策，依法自主开展教育教学活动。

第五条 中外合作办学必须遵守中国法律，贯彻中国的教育方针，符合中国的公共道德，不得损害中国的国家主权、安全和社会公共利益。

中外合作办学应当符合中国教育事业发展的需要，保证教育教学质量，致力于培养中国社会主义建设事业的各类人才。

第六条 中外合作办学者可以合作举办各级各类教育机构。但是，不得举办实施义务教育和实施军事、警察、政治等特殊性质教育的机构。

第七条 外国宗教组织、宗教机构、宗教院校和宗教教职人员不得在中国境内从事合作办学活动。

中外合作办学机构不得进行宗教教育和开展宗教活动。

第八条 国务院教育行政部门负责全国中外合作办学工作的统筹规划、综合协调和宏观管理。国务院教育行政部门、劳动行政部门和其他有关行政部门在国务院规定的职责范围内负责有关的中外合作办学工作。

省、自治区、直辖市人民政府教育行政部门负责本行政区域内中外合作办学工作的统筹规划、综合协调和宏观管理。省、自治区、直辖市人民政府教育行政部门、劳动行政部门和其他有关行政部门在其职责范围内负责本行政区域内有关的中外合作办学工作。

第二章　设立

第九条 申请设立中外合作办学机构的教育机构应当具有法人资格。

第十条 中外合作办学者可以用资金、实物、土地使用权、知识产权以及其他财产作为办学投入。

中外合作办学者的知识产权投入不得超过各自投入的1/3。但是，接受国务院教育行政部门、劳动行政部门或者省、自治区、直辖市人民政府邀请前来中国合作办学的外国教育机构的知识产权投入可以超过其投入的1/3。

第十一条 中外合作办学机构应当具备《中华人民共和国教育法》《中华人民共和国职业教育法》《中华人民共和国高等教育法》等法律和有关行政法规规定的基本条件，并具有法人资格。但是，外国教育机构同中国实施学历教育的高等学校设立的实施高等教育的中外合作办学机构，可以不具有法人资格。

设立中外合作办学机构，参照国家举办的同级同类教育机构的设置标准执行。

第十二条　申请设立实施本科以上高等学历教育的中外合作办学机构，由国务院教育行政部门审批；申请设立实施高等专科教育和非学历高等教育的中外合作办学机构，由拟设立机构所在地的省、自治区、直辖市人民政府审批。

申请设立实施中等学历教育和自学考试助学、文化补习、学前教育等的中外合作办学机构，由拟设立机构所在地的省、自治区、直辖市人民政府教育行政部门审批。

申请设立实施职业技能培训的中外合作办学机构，由拟设立机构所在地的省、自治区、直辖市人民政府劳动行政部门审批。

第十三条　设立中外合作办学机构，分为筹备设立和正式设立两个步骤。但是，具备办学条件，达到设置标准的，可以直接申请正式设立。

第十四条　申请筹备设立中外合作办学机构，应当提交下列文件：

（一）申办报告，内容应当主要包括：中外合作办学者、拟设立中外合作办学机构的名称、培养目标、办学规模、办学层次、办学形式、办学条件、内部管理体制、经费筹措与管理使用等；

（二）合作协议，内容应当包括：合作期限、争议解决办法等；

（三）资产来源、资金数额及有效证明文件，并载明产权；

（四）属捐赠性质的校产须提交捐赠协议，载明捐赠人的姓名、所捐资产的数额、用途和管理办法及相关有效证明文件；

（五）不低于中外合作办学者资金投入15%的启动资金到位证明。

第十五条　申请筹备设立中外合作办学机构的，审批机关应当自受理申请之日起45个工作日内作出是否批准的决定。批准的，发给筹备设立批准书；不批准的，应当书面说明理由。

第十六条　经批准筹备设立中外合作办学机构的，应当自批准之日起3年内提出正式设立申请；超过3年的，中外合作办学者应当重新申报。

筹备设立期内，不得招生。

第十七条　完成筹备设立申请正式设立的，应当提交下列文件：

（一）正式设立申请书；

（二）筹备设立批准书；

（三）筹备设立情况报告；

（四）中外合作办学机构的章程，首届理事会、董事会或者联合管理委员会组成人员名单；

（五）中外合作办学机构资产的有效证明文件；

（六）校长或者主要行政负责人、教师、财会人员的资格证明文件。

直接申请正式设立中外合作办学机构的，应当提交前款第（一）项、第（四）项、第（五）项、第（六）项和第十四条第（二）项、第（三）项、第（四）项所列文件。

第十八条 申请正式设立实施非学历教育的中外合作办学机构的，审批机关应当自受理申请之日起 3 个月内作出是否批准的决定；申请正式设立实施学历教育的中外合作办学机构的，审批机关应当自受理申请之日起 6 个月内作出是否批准的决定。批准的，颁发统一格式、统一编号的中外合作办学许可证；不批准的，应当书面说明理由。

中外合作办学许可证由国务院教育行政部门制定式样，由国务院教育行政部门和劳动行政部门按照职责分工分别组织印制；中外合作办学许可证由国务院教育行政部门统一编号，具体办法由国务院教育行政部门会同劳动行政部门确定。

第十九条 申请正式设立实施学历教育的中外合作办学机构的，审批机关受理申请后，应当组织专家委员会评议，由专家委员会提出咨询意见。

第二十条 中外合作办学机构取得中外合作办学许可证后，应当依照有关的法律、行政法规进行登记，登记机关应当依照有关规定即时予以办理。

第三章 组织与管理

第二十一条 具有法人资格的中外合作办学机构应当设立理事会或者董事会，不具有法人资格的中外合作办学机构应当设立联合管理委员会。理事会、董事会或者联合管理委员会的中方组成人员不得少于1/2。

理事会、董事会或者联合管理委员会由 5 人以上组成，设理事长、副理事长，董事长、副董事长或者主任、副主任各 1 人。中外合作办学者一方担任理事长、董事长或者主任的，由另一方担任副理事长、副董事长或者副主任。

具有法人资格的中外合作办学机构的法定代表人，由中外合作办学者协商，在理事长、董事长或者校长中确定。

第二十二条 中外合作办学机构的理事会、董事会或者联合管理委员会由中外合作办学者的代表、校长或者主要行政负责人、教职工代表等组成，其中1/3

以上组成人员应当具有 5 年以上教育、教学经验。

中外合作办学机构的理事会、董事会或者联合管理委员会组成人员名单应当报审批机关备案。

第二十三条　中外合作办学机构的理事会、董事会或者联合管理委员会行使下列职权：

（一）改选或者补选理事会、董事会或者联合管理委员会组成人员；

（二）聘任、解聘校长或者主要行政负责人；

（三）修改章程，制定规章制度；

（四）制定发展规划，批准年度工作计划；

（五）筹集办学经费，审核预算、决算；

（六）决定教职工的编制定额和工资标准；

（七）决定中外合作办学机构的分立、合并、终止；

（八）章程规定的其他职权。

第二十四条　中外合作办学机构的理事会、董事会或者联合管理委员会每年至少召开一次会议。经 1/3 以上组成人员提议，可以召开理事会、董事会或者联合管理委员会临时会议。

中外合作办学机构的理事会、董事会或者联合管理委员会讨论下列重大事项，应当经 2/3 以上组成人员同意方可通过：

（一）聘任、解聘校长或者主要行政负责人；

（二）修改章程；

（三）制定发展规划；

（四）决定中外合作办学机构的分立、合并、终止；

（五）章程规定的其他重大事项。

第二十五条　中外合作办学机构的校长或者主要行政负责人，应当具有中华人民共和国国籍，在中国境内定居，热爱祖国，品行良好，具有教育、教学经验，并具备相应的专业水平。

中外合作办学机构聘任的校长或者主要行政负责人，应当经审批机关核准。

第二十六条　中外合作办学机构的校长或者主要行政负责人行使下列职权：

（一）执行理事会、董事会或者联合管理委员会的决定；

（二）实施发展规划，拟订年度工作计划、财务预算和规章制度；

（三）聘任和解聘工作人员，实施奖惩；

（四）组织教育教学、科学研究活动，保证教育教学质量；

（五）负责日常管理工作；

（六）章程规定的其他职权。

第二十七条 中外合作办学机构依法对教师、学生进行管理。

中外合作办学机构聘任的外籍教师和外籍管理人员，应当具备学士以上学位和相应的职业证书，并具有 2 年以上教育、教学经验。

外方合作办学者应当从本教育机构中选派一定数量的教师到中外合作办学机构任教。

第二十八条 中外合作办学机构应当依法维护教师、学生的合法权益，保障教职工的工资、福利待遇，并为教职工缴纳社会保险费。

中外合作办学机构的教职工依法建立工会等组织，并通过教职工代表大会等形式，参与中外合作办学机构的民主管理。

第二十九条 中外合作办学机构的外籍人员应当遵守外国人在中国就业的有关规定。

第四章　教育教学

第三十条 中外合作办学机构应当按照中国对同级同类教育机构的要求开设关于宪法、法律、公民道德、国情等内容的课程。

国家鼓励中外合作办学机构引进国内急需、在国际上具有先进性的课程和教材。

中外合作办学机构应当将所开设的课程和引进的教材报审批机关备案。

第三十一条 中外合作办学机构根据需要，可以使用外国语言文字教学，但应当以普通话和规范汉字为基本教学语言文字。

第三十二条 实施高等学历教育的中外合作办学机构招收学生，纳入国家高等学校招生计划。实施其他学历教育的中外合作办学机构招收学生，按照省、自治区、直辖市人民政府教育行政部门的规定执行。中外合作办学机构招收境外学生，按照国家有关规定执行。

第三十三条 中外合作办学机构的招生简章和广告应当报审批机关备案。

中外合作办学机构应当将办学类型和层次、专业设置、课程内容和招生规模等有关情况，定期向社会公布。

第三十四条 中外合作办学机构实施学历教育的，按照国家有关规定颁发学历证书或者其他学业证书；实施非学历教育的，按照国家有关规定颁发培训证书或者结业证书。对于接受职业技能培训的学生，经政府批准的职业技能鉴定机构鉴定合格的，可以按照国家有关规定颁发相应的国家职业资格证书。

中外合作办学机构实施高等学历教育的，可以按照国家有关规定颁发中国相应的学位证书。

中外合作办学机构颁发的外国教育机构的学历、学位证书，应当与该教育机构在其所属国颁发的学历、学位证书相同，并在该国获得承认。

中国对中外合作办学机构颁发的外国教育机构的学历、学位证书的承认，依照中华人民共和国缔结或者加入的国际条约办理，或者按照国家有关规定办理。

第三十五条　国务院教育行政部门或者省、自治区、直辖市人民政府教育行政部门及劳动行政部门等其他有关行政部门应当加强对中外合作办学机构的日常监督，组织或者委托社会中介组织对中外合作办学机构的办学水平和教育质量进行评估，并将评估结果向社会公布。

第五章　资产与财务

第三十六条　中外合作办学机构应当依法建立健全财务、会计制度和资产管理制度，并按照国家有关规定设置会计账簿。

第三十七条　中外合作办学机构存续期间，所有资产由中外合作办学机构依法享有法人财产权，任何组织和个人不得侵占。

第三十八条　中外合作办学机构的收费项目和标准，依照国家有关政府定价的规定确定并公布；未经批准，不得增加项目或者提高标准。

中外合作办学机构应当以人民币计收学费和其他费用，不得以外汇计收学费和其他费用。

第三十九条　中外合作办学机构收取的费用应当主要用于教育教学活动和改善办学条件。

第四十条　中外合作办学机构的外汇收支活动以及开设和使用外汇账户，应当遵守国家外汇管理规定。

第四十一条　中外合作办学机构应当在每个会计年度结束时制作财务会计报告，委托社会审计机构依法进行审计，向社会公布审计结果，并报审批机关备案。

第六章　变更与终止

第四十二条　中外合作办学机构的分立、合并，在进行财务清算后，由该机构理事会、董事会或者联合管理委员会报审批机关批准。

申请分立、合并实施非学历教育的中外合作办学机构的，审批机关应当自受理申请之日起 3 个月内以书面形式答复；申请分立、合并实施学历教育的中外合作办学机构的，审批机关应当自受理申请之日起 6 个月内以书面形式答复。

第四十三条　中外合作办学机构合作办学者的变更，应当由合作办学者提出，在进行财务清算后，经该机构理事会、董事会或者联合管理委员会同意，报审批机关核准，并办理相应的变更手续。

中外合作办学机构住所、法定代表人、校长或者主要行政负责人的变更，应当经审批机关核准，并办理相应的变更手续。

第四十四条　中外合作办学机构名称、层次、类别的变更，由该机构理事会、董事会或者联合管理委员会报审批机关批准。

申请变更为实施非学历教育的中外合作办学机构的，审批机关应当自受理申请之日起 3 个月内以书面形式答复；申请变更为实施学历教育的中外合作办学机构的，审批机关应当自受理申请之日起 6 个月内以书面形式答复。

第四十五条　中外合作办学机构有下列情形之一的，应当终止：

（一）根据章程规定要求终止，并经审批机关批准的；

（二）被吊销中外合作办学许可证的；

（三）因资不抵债无法继续办学，并经审批机关批准的。

中外合作办学机构终止，应当妥善安置在校学生；中外合作办学机构提出终止申请时，应当同时提交妥善安置在校学生的方案。

第四十六条　中外合作办学机构终止时，应当依法进行财务清算。

中外合作办学机构自己要求终止的，由中外合作办学机构组织清算；被审批机关依法撤销的，由审批机关组织清算；因资不抵债无法继续办学而被终止的，依法请求人民法院组织清算。

第四十七条　中外合作办学机构清算时，应当按照下列顺序清偿：

（一）应当退还学生的学费和其他费用；

（二）应当支付给教职工的工资和应当缴纳的社会保险费用；

（三）应当偿还的其他债务。

中外合作办学机构清偿上述债务后的剩余财产，依照有关法律、行政法规的规定处理。

第四十八条　中外合作办学机构经批准终止或者被吊销中外合作办学许可证的，应当将中外合作办学许可证和印章交回审批机关，依法办理注销登记。

第七章　法律责任

第四十九条　中外合作办学审批机关及其工作人员，利用职务上的便利收取他人财物或者获取其他利益，滥用职权、玩忽职守，对不符合本条例规定条件者颁发中外合作办学许可证，或者发现违法行为不予以查处，造成严重后果，触犯刑律的，对负有责任的主管人员和其他直接责任人员，依照刑法关于受贿罪、滥用职权罪、玩忽职守罪或者其他罪的规定，依法追究刑事责任；尚不够刑事处罚的，依法给予行政处分。

第五十条　违反本条例的规定，超越职权审批中外合作办学机构的，其批准文件无效，由上级机关责令改正；对负有责任的主管人员和其他直接责任人员，依法给予行政处分；致使公共财产、国家和人民利益遭受重大损失的，依照刑法关于滥用职权罪或者其他罪的规定，依法追究刑事责任。

第五十一条　违反本条例的规定，未经批准擅自设立中外合作办学机构，或者以不正当手段骗取中外合作办学许可证的，由教育行政部门、劳动行政部门按照职责分工予以取缔或者会同公安机关予以取缔，责令退还向学生收取的费用，并处以 10 万元以下的罚款；触犯刑律的，依照刑法关于诈骗罪或者其他罪的规定，依法追究刑事责任。

第五十二条　违反本条例的规定，在中外合作办学机构筹备设立期间招收学生的，由教育行政部门、劳动行政部门按照职责分工责令停止招生，责令退还向学生收取的费用，并处以 10 万元以下的罚款；情节严重，拒不停止招生的，由审批机关撤销筹备设立批准书。

第五十三条　中外合作办学者虚假出资或者在中外合作办学机构成立后抽逃出资的，由教育行政部门、劳动行政部门按照职责分工责令限期改正；逾期不改正的，由教育行政部门、劳动行政部门按照职责分工处以虚假出资金额或者抽逃出资金额 2 倍以下的罚款。

第五十四条　伪造、变造和买卖中外合作办学许可证的，依照刑法关于伪造、变造、买卖国家机关证件罪或者其他罪的规定，依法追究刑事责任。

第五十五条　中外合作办学机构未经批准增加收费项目或者提高收费标准的，由教育行政部门、劳动行政部门按照职责分工责令退还多收的费用，并由价格主管部门依照有关法律、行政法规的规定予以处罚。

第五十六条　中外合作办学机构管理混乱、教育教学质量低下，造成恶劣影响的，由教育行政部门、劳动行政部门按照职责分工责令限期整顿并予以公告；情节严重、逾期不整顿或者经整顿仍达不到要求的，由教育行政部门、劳动行政部门按照职责分工责令停止招生、吊销中外合作办学许可证。

第五十七条　违反本条例的规定，发布虚假招生简章，骗取钱财的，由教育行政部门、劳动行政部门按照职责分工，责令限期改正并予以警告；有违法所得的，退还所收费用后没收违法所得，并可处以 10 万元以下的罚款；情节严重的，责令停止招生、吊销中外合作办学许可证；构成犯罪的，依照刑法关于诈骗罪或者其他罪的规定，依法追究刑事责任。

中外合作办学机构发布虚假招生广告的，依照《中华人民共和国广告法》的有关规定追究其法律责任。

第五十八条　中外合作办学机构被处以吊销中外合作办学许可证行政处罚的，其理事长或者董事长、校长或者主要行政负责人自中外合作办学许可证被吊销之日起 10 年内不得担任任何中外合作办学机构的理事长或者董事长、校长或者主要行政负责人。

违反本条例的规定，触犯刑律被依法追究刑事责任的，自刑罚执行期满之日起 10 年内不得从事中外合作办学活动。

第八章　附则

第五十九条　香港特别行政区、澳门特别行政区和台湾地区的教育机构与内地教育机构合作办学的，参照本条例的规定执行。

第六十条　在工商行政管理部门登记注册的经营性的中外合作举办的培训机构的管理办法，由国务院另行规定。

第六十一条　外国教育机构同中国教育机构在中国境内合作举办以中国公民为主要招生对象的实施学历教育和自学考试助学、文化补习、学前教育等的合作办学项目的具体审批和管理办法，由国务院教育行政部门制定。

外国教育机构同中国教育机构在中国境内合作举办以中国公民为主要招生对象的实施职业技能培训的合作办学项目的具体审批和管理办法，由国务院劳动行政部门制定。

第六十二条　外国教育机构、其他组织或者个人不得在中国境内单独设立以中国公民为主要招生对象的学校及其他教育机构。

第六十三条　本条例施行前依法设立的中外合作办学机构，应当补办本条例规定的中外合作办学许可证。其中，不完全具备本条例所规定条件的，应当在本条例施行之日起 2 年内达到本条例规定的条件；逾期未达到本条例规定条件的，由审批机关予以撤销。

第六十四条　本条例自 2003 年 9 月 1 日起施行。

附录 2　保障跨国界高等教育办学质量的指导方针

指导方针的宗旨

指导方针旨在支持和鼓励国际合作，提高对保障跨国界高等教育办学质量重要性的认识。指导方针的宗旨是保护学生和其他有关各方，使其免受办学质量低下或违规办学者之害，鼓励能够满足人文、社会、经济和文化需要的高质量跨国界高等教育的发展。

指导方针的背景

自 20 世纪 80 年代以来，通过学生、教师、课程/学校和专业人员的交流进行的跨国界高等教育有了很大的发展。与此同时，出现了新的跨国界办学者和新的办学模式，如海外校园、高等教育电子授课方法和营利性办学者。这些跨国界高等教育办学的新形式为提高学生个人的技能和才干，为提高国家高等教育体系的质量提供了更多的机会，但前提是这些办学形式的宗旨是为接受国的人文、社会、经济和文化发展服务。

在一些国家，其质量保障、资质认定和学历认证的国家体系考虑到了跨国界高等教育的问题，但很多国家的这种国家体系尚不适应解决跨国界办学问题的需要。不仅如此，缺少全面协调各种办学方式的国际体系，加上各国质量保障和资质认定体系的多样性和差异性，造成了跨国界高等教育办学质量保障方面的巨大差距，致使有些跨国界高等教育完全是在脱离质量保障和资质认定系统的情况下开办的。这就使学生以及其他有关各方更容易受到跨国界高等教育的办学质量低下和违规办学者之害。现有的各种质量保障和资质认定制度面临挑战时，制定相应的程序和制度来管理境外开办的课程（以及本国的办学者和课程），以便充分发挥高等教育国际化的优势，限制其潜在的负面作用。同时，学生、教师、研究人员和专业人员跨国界交流的增加，使学术水平和专业资格认证问题成了国际合作议事日程上的重要问题。

因此，需要各国进一步采取行动，加强国际合作和联网，使有关质量保障、资质认定和学历认证制度方面的信息更加透明。这些行动应该有全球视野，重点是满足发展中国家建立健全的高等教育体系的需要。由于有些国家没有质量保障、资质认定和学历认证的综合框架，需要把能力建设作为全面加强、协调国家和国际行动的一个重要部分。因此，联合国教科文组织和经济合作与发展组织紧密合作，共同制订了保障跨国界高等教育办学质量的指导方针。这些指导方针的实施可以作为能力建设这项工作的第一步。

一个国家的高等教育部门及其评估和监测工作的质量，不仅对于该国的社会经济发展十分关键，而且还是影响其高等教育在国际上的地位的一个决定性因素。建立质量保障体系，不仅对监督国内高等教育办学质量必不可少，对参与国际上的高等教育办学活动亦是如此。于是，在过去的 20 年里出现了很多质量保障和资质认证机构。但是，各国现有的质量保障作用往往只针对国内机构在国内的办学质量。

学生、教师、专业人员、办学项目和办学者跨国界交流的增加，对质量保障和资质认定的国家框架和机构，以及承认外国学历的制度提出了挑战，其中包括：

（a）国家的质量保障和认证的作用往往都不涵盖跨国界高等教育。这就增加了学生遭遇下述情况的风险：误导性指导和宣传，违规办学，不可靠的质量保证和认证机构，以及办学质量低下等会造成有关学历用处不大的情况。

（b）国家的学历认证体制和机构在处理跨国界高等教育方面的知识和经验可能有限。有时，问题会变得更加复杂，因为跨国界高等教育办学者提供的学历有可能与其在本国所提供的学历质量不相当。

（c）越来越多的外国学历需要得到国家的认证，这给国家认证机构增加了艰巨的任务，有时也会给所涉及的个人造成行政管理和法律方面的问题。

（d）各行各业都需要具有可靠的高质量学历的专门人才。专业服务的用户，包括雇主必须完全信任这些合格的专业人才的技能。获得低质量学历的可能性日益增加，可能会对各个行业本身造成伤害，而且从长远来说会降低人们对专业资质的信心。

指导方针的范围

指导方针的目标是提供保障跨国界高等教育办学质量的国际框架，以迎接上述挑战。

指导方针的基础是国家之间相互信任、相互尊重的原则和承认高等教育国际合作的重要意义。指导方针还承认国家管辖权的重要性和高等教育制度的多样性。各国都高度重视国家对高等教育的主导权。高等教育是表现一个国家的语言和文化的多样性，以及促进国家经济发展和提高社会凝聚力的一种至关重要的手段。因此，应当认识到，高等教育的政策制订应反映国家的优先事项。同时，还应看到，有些国家有若干个部门主管高等教育。

指导方针的效益在很大程度上取决于各国保证高等教育质量的国家体制的能力是否能够得到加强。制定和实施联合国教科文组织的地区性公约，进一步支持联合国教科文组织及其他多边组织和双边捐助者目前在这一领域里开展的能力培养活动，都是对指导方针的支持和配合，而且对其也是个补充。这些行动应该得到地区和国家合作伙伴的大力支持。

指导方针认识到，在加强保障跨国界高等教育办学质量的国际合作中，非政府组织可以发挥重要作用，如高等教育协会、学生团体、专业人员协会、质量保障和资质认定机构网络、学历评估认证机构以及专业团体。指导方针的目标是通过促进各种机构之间的对话和合作，来鼓励加强和协调现有的行动。

跨国界高等教育包括多种模式，既包括面对面的学习（也有多种形式，如学生出国留学和校园设在国外），也包括远程学习（采用多种技术，包括电子学习）。在落实指导方针时，应考虑到办学方式的多样化和在质量保证上的各种不同要求。

针对高等教育有关各方的指导方针

关于每个国家里有关责任划分的问题，指导方针向下述六个有关各方提出了行动建议：政府；包括教师在内的高等教育机构/办学者；学生团体；质量保障和资质认定机构；学术认证机构以及专业团体。

针对政府的指导方针

在促进必要的质量保障、资质认定和学历认证方面，政府可以施加其影响，也可以出面负责。在大多数高等教育体系中，政府肩负着政策协调之职。不过，从整个指导方针中可以看到，在有些国家，监督质量保障的职权掌握在地方政府或非政府组织手中。

为此，向各国政府建议：

（a）制定或鼓励制定一套完整、公正而透明的制度，对希望在其领土上开办跨国界高等教育的办学者进行登记或发放办学许可证。

（b）制定或鼓励制定一种可靠的跨国界高等教育办学质量保障和资质认定制度，要认识到跨国界高等教育办学的质量保障及资质认定同时涉及派遣国和接收国。

（c）咨询和协调国内国外负责质量保证和认证的各有关机构。

（d）提供有关下述方面的准确、可靠和便于得到的信息：跨国界高等教育的注册、申办许可证、质量保障和办学资质认定的标准和规范，这些标准和规范对学生的学费、办学机构的资金或课程资金的影响。

（e）考虑参加联合国教科文组织有关学历认证的地区性公约和参与制订和/或更新这类公约，并建立有关公约所规定的国家信息中心。

（f）如必要，制定或鼓励双边或多边认证协议，推动各国学历在双边协议所规定之程序和标准基础上的相互承认或同等。

（g）参与或努力，使国际上更加容易及时、准确和全面地了解到有关地位得到承认的高等教育机构/办学者的情况。

针对高等教育机构/办学者的指导方针

所有高等教育机构/办学者都重视质量，这非常重要。为此，教学人员积极和具有建设性的参与是必不可少的。不论在何处或用何方式开展教育，高等教育机构都要对自己所办教育的质量及其社会、文化和语言的实用性负责，对自己颁发的学历水准负责。

为此，向跨国界办学的高等教育机构/办学者建议：

（a）确保他们跨国界开办的课程与在国内开办的课程质量相同，而且他们的课程还应考虑到东道国的文化和语言的特点。最好是就此作出公开承诺。

（b）要认识到优秀的教学人员和有助于进行独立而严谨的探索的良好工作环境是高质量的教学和科研的前提。所有的办学机构和办学者都应遵守联合国教科文组织《关于高等教育教学人员地位的建议书》及其他有关文书，保障良好的工作环境、工作条件、学校管理和学术自由。

（c）制订、保留或修改目前的内部质量管理制度，使其能够充分利用教学人员、管理人员、大学生和研究生等有关各方的能力，并担负起确保国内和国外颁发的高等教育学历水平相等的全部责任。除此之外，在通过中介机构向潜在的学生推荐其开办的课程时，应完全负责确保其中介机构提供的信息和指导是准确、可靠和容易得到的。

（d）在开办跨国界等教育，包括远程教育时，应征求有关质量保障和资质认定机构的意见，并应尊重接受国的质量保障和资质认定制度。

（e）加入国家及国际范围的部门组织和院校间网络，交流成功的实践经验。

（f）发展和保持有关网络和合作伙伴关系，推动相互承认学历对等或相当的学历认证。

（g）在有适用条件的地方，采用有关的良好规范，如联合国教科文组织/欧洲委员会的"跨国教育办学规范"，以及其他相关规定，如欧洲委员会/联合国教科文组织"关于评估外国学历的标准和程序的建议"。

（h）提供准确、可靠而容易获得的信息，介绍自己所颁发学历的国内和国外质量保障标准和程序，以及在大学和职业界得到承认的情况；提供完整的课程和学历的介绍，最好说明学生在正常情况下所应学到的知识、理解水平和技能。高等教育机构/办学者可以专门与质量保障和资质认定机构、学生团体开展合作，为传播有关信息提供便利。

（i）确保本办学机构和/或所办课程财务状况的透明度。

针对学生团体的指导方针

作为跨国界高等教育的直接接受者的代表和高等教育界的一个组成部分，学生团体有责任帮助大学生和未来的大学生认真仔细地研究所得到的信息，在作决定之前进行充分的思考。

为此，建议鼓励在地方、国家和国际上成立学生自治团体，并支持这些学生团体采取下述行动：

（a）作为在国际、国家和院校各级的积极的合作伙伴，参与发展、监督和维护跨国界高等教育办学质量，并为实现此目标采取必要措施。

（b）积极参与促进有质量保障的办学，增强学生对被错误信息误导、因办学质量低下导致学历不能被广泛承认以及违规办学者等潜在风险的意识。指导学生获取准确可靠的跨国界高等教育信息。达到这一目的的方法是，让学生了解这些指导方针，并积极参与指导方针的实施。

（c）鼓励大学生和未来的大学生在报名参加跨国界高等教育课程时，问一些该问的问题。可以由学生团体（如有可能应包括留学生在内）与高等教育机构、质量保障和资质认定机构、学术认证机构合作，共同准备一份相关问题清单。这份清单应包括以下问题：有关外国办学机构/办学者是否已得到某个可靠机构的承认或认可；有关外国机构/办学者颁发的学历在学生本国的学习和/或就业中是否得到承认。

针对质量保障和资质认定机构的指导方针

除了对机构/办学者进行内部质量管理之外，60多个国家还采纳了外部质量保障和资质认定制度。质量保障和资质认定机构负责评估高等教育办学质量。现有的质量保障和资质认定制度往往因国家而异，有时甚至在一国之内也存在差异。有些国家由政府机构负责质量保障和资质认证，有些国家则由非政府组织负责。此外，在使用的术语，对"质量"的定义，制度的宗旨和作用及其与学生、办学机构或课程费用的关系，质量保障和资质认定所使用的方法，主管部门或单位负责的范围和职能，以及接受该项教育是属于自愿或义务性质等方面，也存在一些差异。在尊重这种差异的同时，还需要接受国和派遣国的有关机构在地区和全球层面作协调一致的努力，以迎接跨国界开办高等教育日益发展所带来的挑战，特别是其新的办学形式的挑战。

为此，向质量保障和资质认定机构建议：

（a）确保其质量保障和资质认定安排包括各种模式的跨国界办学。这就意味着要重视评估指导方针，确保各项标准和过程都透明、一致并有助于考虑到各国高等教育体系的形式和范围以及对跨国界办学方面的变化和发展的适应性。

（b）维护并加强现有的地区网和国际网，或在尚无网络的地区建立新的地区网络。这些网络可以发挥平台的作用，用于交换信息和交流好的做法，传播知识，增加对国际发展和挑战的了解，提高评估机构工作人员和质量评估员的专业技能。也可利用这些网络来提高对违规办学者、可疑的质量保障和资质认定机构的鉴别意识，建立便于查出这些机构的监测和申报制度。

（c）建立联系，以加强派遣国和接受国的有关机构之间的合作，增加各种不同质量保障和资质认定制度之间的相互理解。这将有助于保障跨国界开设课程的质量和跨国界办学机构的质量，同时尊重接受国的质量保障和资质认定制度。

（d）提供准确和便于利用的信息，介绍有关评估标准、评估程序和质量保证机制对学生、办学机构或课程的费用的影响以及评估结果。质量保障和资质认定机构应与其他有关各方合作，特别是与高等教育机构/办学者、教学人员、学生团体、学术认证机构合作，促进这些信息的传播。

（e）应用现有的关于跨国界高等教育办学的国际文件，如联合国教科文组织/欧洲委员会的"跨国教育办学规范"中提出的有关原则。

（f）在信任并了解对方的专业做法的基础上，与其他机构达成相互承认协议，建立内部质量保障制度，并且定期进行外部评估，充分利用有关各方之长。在可行的情况下，考虑对质量保障和资质认定机构进行国际评估或同行评审的实验。

（g）考虑采用国际同行评审小组构成的程序、国际基准水平、国际标准和评估程序，开展联合评估项目，以增加不同质量保障和资质认定机构的评估活动的可比性。

针对学术认证机构的指导方针

联合国教科文组织学历认可地区公约是十分重要的文书，有助于对高等教育学历的公平认可，包括对留学生和专业技术人员跨国交流以及跨国界开办高等教育所产生的外国学历的评估。

在现有措施的基础上，需要进一步采取国际行动，使认证制度更透明、更有可比性，以促进对学术资格的公平认可。

为此，向学术认证机构建议：

（a）建立和保持有关的地区及国际网络，使其能够发挥平台的作用，用以交换信息和交流经验，传播知识，增加对国际发展和挑战的了解，提高评估机构工作人员的专业技能。

（b）加强与质量保障和资质认定机构的合作，以便开展确定某个学历是否达到基本质量标准的工作，以及与质量保障和资质认定机构进行跨国界合作和联网。应该进行地区和跨地区的这种合作。

（c）与有关各方建立并保持联系，共享信息和加强学术评估与专业资格评估方法之间的关系。

（d）在适当的情况下，解决劳务市场上学历的专业认证问题，向那些有外国学历的人员和雇主提供有关专业认证的必要信息。鉴于国际劳务市场的范围不断扩大和专业技术人员的流动性日益增强，建议与专业协会进行这方面的合作与协调。

（e）采用欧洲委员会/联合国教科文组织"关于评估外国学历的标准和程序的建议"之类的行为规范，以及其他相关行为规范，增强公众对认证程序的信任度，并且令各有关方放心，对申请的处理是公正的和一致的。

（f）提供清楚、准确和容易得到的信息，介绍包括跨国境办学所发学历在内的学历评估标准。

针对专业团体的指导方针

专业认证制度在各国之间有所不同，在行业之间亦有不同。例如，有些情况是单凭一个被认可的大学学历就能进入某行业工作，还有些情况则是，具有大学学历者还必须满足其他一些条件才能进入该行业工作。由于国际劳务市场范围的不断扩大和专业人员流动性的日益增加，具有大学学历者、雇主和专业协会现在都面临许多挑战。增加透明度，即提高信息的普及程度和质量，对于公平的认证工作极其重要。

为此，向负责专业认证的专业团体建议：

（a）建立可供国内外持有学历者利用的信息交流渠道，协助他们获得学历的专业认证，为需要对外国学历的专业认证情况进行咨询的雇主提供便利。还应使现在的和未来的大学生方便地获取有关信息。

（b）在派遣国和接收国的专业团体、高等教育机构/办学者、质量保障和资质认定机构，以及学术认定机构之间建立并保持联系，以便改进学历评估方法。

（c）建立、制定并实施有助于对课程和学历进行比较的评估标准和程序，以便学历的承认，并能够超越教学的性质和形式，考虑到适应文化需要的学习成绩和才能。

（d）使国际上能够更加容易及时、准确和全面地了解到关于各行业相互承认协议的信息，并鼓励制订新的协议。

附录3　中外合作办学评估方案（试行）

教育部（二〇〇九年七月）

一、中外合作办学评估方案说明

为贯彻国务院颁布的《中华人民共和国中外合作办学条例》中确定的"扩大开放、规范办学、依法管理、促进发展"的中外合作办学工作方针，全面落实教育部加强中外合作办学行政监管的措施，推进"两个平台"（建立中外合作办学监管工作信息平台和中外合作办学颁发证书认证工作平台）和"两个机制"（建立中外合作办学质量评估机制和中外合作办学执法和处罚机制）建设，进一步规范中外合作办学管理，提高中外合作办学质量，促进中外合作办学健康发展，决定组织开展对中外合作办学的评估工作。

1. 评估对象

依法批准设立和举办的实施本科以上高等学历教育的中外合作办学机构和项目，以及实施境外学士学位以上教育的中外合作办学机构和项目。

2. 评估性质

合格评估。标准依据国务院《中外合作办学条例》和教育部《中外合作办学条例实施办法》以及相关文件要求而制定。

3. 评估周期

原则上依据中外合作办学审批的办学年限及培养周期进行定期评。

4. 评估方式

采用单位自评与实地考察评估相结合的方式。

5. 评估结果

评估结果分为合格、有条件合格和不合格三种。

中外合作办学评估结果将根据实际情况以适当方式向社会公布，接受社会监督，并反馈到办学单位，指导改进办学。教育部行政主管部门根据评估情况对存在的问题依据相关法律法规，采取相应措施。同时，通过评估，发现办学质量及效果突出的中外合作办学典型，大力宣传、借鉴好的办学经验，促进中外合作办学质量的提高。

二、中外合作办学评估指标体系

1. 中外合作办学机构评估指标体系

一级指标	二级指标
1. 办学宗旨	（1）机构定位
	（2）办学思路
2. 管理体系	（3）管理机构
	（4）管理队伍
3. 资金资产管理	（5）资产管理
	（6）资金管理
4. 质量管理	（7）招生和学籍管理
	（8）教学管理
	（9）教学质量监督
	（10）文凭证书管理
5. 师资队伍	（11）师资评聘
	（12）师资状况
	（13）师资队伍建设
6. 教学设施	（14）教学设施状况
	（15）教学设施建设
7. 培养质量	（16）毕业成果质量鉴定
	（17）学生满意度
	（18）社会评价
8. 社会效益	（19）办学单位内部效益
	（20）办学单位外部效益
9. 办学特色	（21）办学特色

注：中外合作办学机构评估指标体系有 9 项一级指标，21 项二级指标。

2. 中外合作办学项目评估指标体系

一级指标	二级指标
1. 培养目标与培养方案	（1）培养目标
	（2）培养方案
2. 项目管理	（3）管理机构
	（4）资金管理
	（5）招生和学籍管理
	（6）教学质量监督
	（7）文凭证书管理
3. 培养条件	（8）政策环境
	（9）教学设施
4. 师资队伍	（10）师资评聘
	（11）师资状况
	（12）师资培训
5. 教学组织	（13）教学计划
	（14）教学大纲及教材
	（15）教学方式
	（16）教学文件及教学档案
6. 培养质量	（17）毕业成果质量鉴定
	（18）学生满意度
	（19）社会评价
7. 社会效益	（20）办学单位内部效益
	（21）办学单位外部效益
8. 办学特色	（22）办学特色

注：中外合作办学项目评估指标体系有 8 项一级指标，22 项二级指标。

三、中外合作办学评估指标说明

（一）中外合作办学机构评估体系指标说明

1. 办学宗旨

（1）机构定位。

重点评估中外合作办学机构在培养层次、人才类型、服务面向等方面是否定位明确、合理；中外合作办学机构定位是否体现了中外合作办学的优势。

（2）办学思路。

重点评估中外合作办学机构在办学指导思想、教育观念、质量意识、优质教育资源引进等方面是否符合我国人才培养的原则和要求。

2. 管理体系

（1）管理机构。

重点评估中外合作办学机构的管理机构及管理制度情况。中外合作办学机构是否成立了符合法规要求的管理机构，具有法人资格的中外合作办学机构是否设立了理事会或者董事会，不具有法人资格的中外合作办学机构是否设立了联合管理委员会，且中方组成人员不少十二分之一；是否建立了管理机构发挥作用的机制，确定了符合法规的议事程序，对中外合作办学发挥了领导和监督作用；管理机构是否与学生建立了有效的沟通机制，为学生提供了良好服务；管理机构是否通过网络、报刊等渠道，向社会公布项目的办学层次和类别、专业设置、课程内容、招生规模、收费项目和标准等办学基本情况，是否定期向上级主管部门提交关于招收学生、课程设置、师资配备、教学质量、财务状况等办学情况报告。

（2）管理队伍。

重点评估中外合作办学机构的管理人员情况。中外合作办学机构的理事会、董事会或者联合管理委员会是否三分之一以上组成人员具有 5 年以上教育、教学经验；中外合作办学机构聘任的外籍管理人员是否具备学士以上学位和相应的职业证书，并具有 2 年以上教育、教学经验；管理人员的学历结构、资历结构，专职和兼职管理人员构成比例是否合理，是否具备比较好的管理能力和管理经验；是否建立了评价管理人员履行岗位职责的考核制度；管理人员履行岗位职责情况等。

3. 资金资产管理

（1）资产管理。

重点评估中外合作办学机构的资产管理是否符合中华人民共和国财务管理规定及《中华人民共和国中外合作办学条例》等法规。中外合作办学机构是否依法自主管理和使用中外合作办学资产；固定资产是否产权清晰；是否独立设立固定资产账户，对固定资产的数量、单价、使用年限、使用部门进行记录；大型、精密、贵重资产报废和转让是否经过有关部门鉴定，并完成固定资产清理程序；是否存在改变按照公益事业获得的土地及校舍的用途的情况等。

（2）资金管理。

重点评估中外合作办学机构的资金管理是否符合中华人民共和国财务管理规定及《中华人民共和国中外合作办学条例》等法规。中外合作办学机构的财务、会计制度和资金管理制度是否健全；收费项目和标准是否符合国家有关规定，并向社会公布；是否按学年或者学期收费；是否以人民币计收学费和其他费用；所收取的费用是否主要用于教育教学活动和改善办学条件，有无抽逃办学资金、挪用办学经费的情况；是否从事营利性经营活动；外汇收支活动以及开设和使用外汇账户情况是否符合和遵守国家外汇管理规定；年度财务会计报告、委托社会审计机构依法进行审计的报告情况。

4. 质量管理

（1）招生和学籍管理。

重点评估中外合作办学机构在招生和学籍管理方面的制度及执行情况。中外合作办学机构是否依法制定了招生录取管理办法，对于实施高等学历教育的招生是否纳入国家下达的高等学校招生计划，在学校年度招生规模内按照专业招生目录分列执行，并满足同地区同批次录取的要求；对于研究生层次的招生是否符合国家研究生学历教育招生录取规定和程序；对于实施外国教育机构学历、学位教育的是否招生录取标准不低于外国教育机构在其所属国的录取标准；招生录取工作是否严谨规范，是否有比较完整的原始档案材料；招生简章和招生广告样本是否报审批机关备案，是否与审批内容相符，是否实事求是；是否依法建立了学籍管理制度，学生学籍在境外教育机构注册情况。

（2）教学管理。

重点评估中外合作办学培养方案和教学计划的执行情况；中外合作办学的课程设置、教材选用和教学方式是否体现外方教育资源的特色和优势；是否开设了必要的国情课程和实践活动等。

（3）教学质量监督。

重点评估中外合作办学机构是否依法建立了教学质量监督机制；是否建立了保证教育质量持续改进的反馈机制和激励机制，以及执行情况等。

（4）文凭证书管理。

重点评估中外合作办学机构在文凭证书管理方面的制度及执行情况。中外合作办学机构是否建立了符合法规要求的、规范的颁发文凭证书的管理办法；颁发中国学历学位证书的是否严格按照国家有关规定要求执行；颁发的外国教育机构的学历、学位证书是否与该外国教育机构在其所属国颁发的学历、学位证书相同，并在该国获得承认；所颁发的文凭证书是否与中外合作办学机构在招生简章和招生广告宣传中的承诺相符。

5. 师资队伍

（1）师资评聘。

重点评估中外合作办学机构是否建立了中外双方师资评聘标准和评聘制度及执行情况；所聘任的外籍教师是否满足具有相当学位、职业证书，具有一定教育教学经验等基本要求。

（2）师资状况。

重点评估中外双方师资队伍是否符合中外合作办学的要求，包括整体学历结构、教学经验、实践经验等；外方合作者是否从本教育机构中选派一定数量的教师到中外合作办学机构中任教，是否在优质教育资源引进中发挥了作用等。

（3）师资队伍建设。

重点评估中外合作办学机构是否按法规建立了教师培训制度，是否制定了师资队伍建设计划及相应的保障实施措施及执行情况。

6. 教学设施

（1）教学设施状况。

重点评估中外合作办学机构的教学设施是否能够满足中外合作办学教学活动的要求，包括校舍、实验室、实习基地、图书馆、多媒体教学设施、案例教学条件、计算机及网络等。

（2）教学设施建设。

重点评估中外合作办学机构是否建立了符合法规要求的教学设施建设规划、

维护制度及执行情况；在每个会计年度结束时，中外合作办学者不要求取得合理回报的中外合作办学机构是否从年度净资产增加额中，中外合作办学者要求取得合理回报的中外合作办学机构是否从年度净收益中，按不低于年度净资产增加额或者净收益的25%的比例提取发展基金，用于中外合作办学机构的建设、维护和教学设备的添置、更新等。

7. 培养质量

（1）毕业成果质量鉴定。

重点评估中外合作办学毕业生毕业成果的标准或要求是否明确，是否与所获得的文凭证书水准相符；毕业成果是否规范，是否符合标准要求。毕业成果指中外合作办学机构毕业学生获得文凭证书必须提交的学位论文、毕业设计、报告等成果。

（2）学生满意度。

重点评估学生对中外合作办学机构的培养目标、培养方案、收费标准、颁发文凭证书等内容知晓情况，保证学生知晓的措施及执行情况，该内容与招生简章和招生广告宣传中的承诺是否相符；中外合作办学机构的课程安排、教学内容、教学方式是否得到学生认可；学生对中外合作办学机构的教学水平和教学效果的满意情况等。

（3）社会评价。

重点观测社会对中外合作办学机构培养质量的评价。包括中外合作办学机构的毕业学生就业率；学生工作单位对毕业学生评价；毕业学生对中外合作办学机构培养质量的评价等。

8. 社会效益

（1）办学单位内部效益。

重点评估中外合作办学机构所引进的教育资源是否对办学单位的教学实践、学科建设、科学研究等产生了良好的影响及辐射作用等。

（2）办学单位外部效益。

重点评估中外合作办学机构所引进的教育资源是否与国家和地区的科技、经济、教育发展结合紧密，以及所产生的作用。

9. 办学特色

重点评估中外合作办学机构在教学组织、课程体系、教学方式、教学内容、教学管理等方面的特色；中外合作办学机构在办学模式、管理模式、人才培养模式以及国际合作等方面的特色等。

（二）中外合作办学项目评估体系指标说明

1. 培养目标与培养方案

（1）培养目标。

重点评估中外合作办学项目的培养目标是否与获得《项目批准书》时的承诺、与招生简章及招生广告宣传中的承诺相符等。

（2）培养方案。

重点评估中外合作办学项目的培养方案是否符合培养目标要求。实施本科以上高等学历教育的中外合作办学项目的教育教学计划、培养方案、学制年限的制定和执行是否符合国家的有关规定；实施外国教育机构学士学位以上学历学位教育的中外合作办学项目的教育教学计划、培养方案、课程设置、教学内容是否不低于外国教育机构在其所属国的标准和学术要求；同时实施中国高等学历教育和外国学历学位教育，并颁发中国学历、学位证书和外国教育机构学历、学位证书的中外合作办学项目的培养目标、培养要求、课程设置、教学内容等是否满足双方的学术要求。

2. 项目管理

（1）管理机构。

重点评估中外合作办学项目管理机构的建立及履职情况。中外合作办学项目作为中国教育机构教育教学活动的组成部分，是否接受中国教育机构的管理；管理机构是否对中外合作办学项目起到了领导和监督作用；管理机构是否与学生建立了有效的沟通机制，为学生提供了良好的服务；管理机构是否通过网络、报刊等渠道，向社会公布项目的办学层次和类别、专业设置、课程内容、招生规模、收费项目和标准等办学基本情况，定期向上级主管部门提交项目的招收学生、课程设置、师资配备、教学质量、财务状况等办学情况报告。

（2）资金管理。

重点评估中外合作办学项目收取学费和使用资金情况。中外合作办学项目的中国教育机构是否依法对中外合作办学项目的财务进行管理，并在学校财务账户内设立中外合作办学项目专项，统一办理收支业务；中外合作办学项目的收费项目和标准是否符合国家有关规定，并向社会公布；是否按学年或者学期收费，未跨学年或者学期预收，是否以人民币计收学费；所收取的费用是否主要用于项目教育教学活动和改善办学条件，有无抽逃办学资金、挪用办学经费的情况；是否从事营利性经营活动。

（3）招生和学籍管理。

重点评估中外合作办学项目在招生和学籍管理方面的制度及执行情况。中外合作办学项目是否依法制定了招生录取管理办法，对于实施高等学历教育的中外合作办学项目的招生是否纳入国家下达的高等学校招生计划，在学校年度招生规模内按照专业招生目录分列执行，并满足同地区同批次录取的要求；对于研究生层次的项目招生是否符合国家研究生学历教育招生录取规定和程序；对于实施外国教育机构学历、学位教育的项目是否招生录取标准不低于外国教育机构在其所属国的录取标准；招生录取工作是否严谨规范，是否有比较完整的原始档案材料；招生简章和招生广告样本是否报审批机关备案，是否与审批内容相符，是否实事求是；是否依法建立了学籍管理制度，学生学籍在境外教育机构注册情况。

（4）教学质量监督。

重点评估中外合作办学项目是否建立了教学质量监督机制。对于实施中国学历教育的中外合作办学项目，中国教育机构是否对外国教育机构开设的课程和引进的教材进行了审核，是否对所提供课程的教育质量进行了评估；对于颁发外国教育机构的学历、学位证书的项目，是否采取有效措施保证课程设置、教学内容不低于该外国教育机构在其所属国的标准和要求；是否建立了保证教育质量持续改进的反馈机制和激励机制及执行情况。

（5）文凭证书管理。

重点评估中外合作办学项目在文凭证书管理方面的制度及执行情况。中外合作办学项目是否建立了符合法规要求的、规范的颁发文凭证书的管理办法；颁发中国学历学位证书的项目是否严格按照国家有关规定要求执行；颁发的外国教育机构的学历、学位证书是否与该外国教育机构在其所属国颁发的学历、学位证书相同，并在该国获得承认；所颁发的文凭证书是否与中外合作办学项目审批以及招生简章和招生广告宣传中的承诺相符。

3. 培养条件

（1）政策环境。

重点评估中方教育机构是否建立了中外合作办学项目正常运行的保障机制；是否为中外合作办学项目的发展提供了一定的可持续发展的政策环境等。

（2）教学设施。

重点评估中外合作办学项目可利用的教学设施是否能够满足中外合作办学项目教学活动的要求，包括校舍、实验室、实习基地、图书馆、多媒体教学设施、案例教学条件、计算机及网络等。

4. 师资队伍

（1）师资评聘。

重点评估中外合作办学项目是否建立了符合法规要求的中外双方师资评聘标准和评聘制度及执行情况；所聘任的外籍教师是否满足具有相当学位和职业证书，具有一定教育教学经验等基本要求。

（2）师资状况。

重点评估中外双方师资队伍是否符合中外合作办学的要求，包括整体学历结构、教学经验、实践经验，以及外籍教师的比例等。

（3）师资培训。

重点评估中外合作办学项目是否按法规建立了教师培训制度，是否制定有师资培训计划及相应的保障实施措施及执行情况。

5. 教学组织

（1）教学计划。

重点评估中外合作办学项目的教学计划的制定是否充分体现项目培养方案；课程安排是否能够体现外方优质教学资源的优势，开设必要的国情课程、专题讲座、专题报告及实践活动等；是否严格按照教学计划组织实施教学等。

（2）教学大纲及教材。

重点评估中外合作办学项目的课程教学大纲编写是否规范、科学、合理；是否有科学的教材引进和选用制度，引进了在国际上具有先进性的教材；教材选用的整体水平和使用效果等。

（3）教学方式。

重点评估中外合作办学项目的教学方式是否适应学科专业的特点，包括多媒体教学、案例教学等；教学语言是否与培养层次相适应等。

（4）教学文件及教学档案。

重点评估中外合作办学项目的教学文件及教学档案是否完整、齐备。教学文件包括：培养方案、教学计划、教学日历、课程教学大纲及相关管理制度文件等；教学档案包括：学生学籍材料、成绩登记表、课程考核的原始材料等。

6. 培养质量

（1）毕业成果质量鉴定。

重点评估中外合作办学毕业生毕业成果的标准或要求是否明确，是否与所获得的文凭证书水准相符；毕业成果是否规范，是否符合标准要求。毕业成果指中外合作办学毕业学生获得文凭证书必须提交的学位论文、毕业设计、报告等成果。

（2）学生满意度。

重点评估学生对中外合作办学项目的培养目标、培养方案、收费标准、颁发文凭证书等内容的知晓情况，保证学生知晓的措施及执行情况，该内容与招生简章和招生广告宣传中的承诺是否相符；中外合作办学项目的课程安排、教学内容、教学方式是否得到学生认可；学生对中外合作办学项目的教学水平和教学效果的满意情况等。

（3）社会评价。

重点观测社会对中外合作办学项目培养质量的评价。包括中外合作办学项目的毕业学生就业率；学生工作单位对毕业学生评价；毕业学生对中外合作办学项目培养质量的评价等。

7. 社会效益

（1）办学单位内部效益。

重点评估中外合作办学项目所引进的教育资源是否对办学单位的教学实践、学科建设、科学研究等产生了良好的影响及辐射作用等。

（2）办学单位外部效益。

重点评估中外合作办学项目所引进的教育资源是否与国家和地区的科技、经济、教育发展结合紧密，以及所产生的作用。

8. 办学特色

重点评估中外合作办学项目在教学组织、课程体系、教学方式、学内容、教学管理等方面的特色；中外合作办学项目在办学模式、管理模式、人才培养模式以及国际合作等方面的特色等。

附录4 中外合作办学认证办法（试行）

上海市教育评估协会

第一章 总则

第一条 为了规范中外合作办学认证行为，保证认证工作水平和提高服务质量，根据《中华人民共和国中外合作办学条例》及《中华人民共和国中外合作办学条例实施办法》以及《中华人民共和国认证认可条例》等有关法律、法规，借鉴国际上教育认证的通行做法，特制定本办法。

第二条 中外合作办学认证（Accreditation）是指由认证机构证明中外合作办学机构或项目的质量和水平，符合政府、社会和同行等共同认可的准则（Criterion）、标准（Standard）和要求（Requirements）的合格性评估（Eligibility evaluation）活动。

第三条 中外合作办学认证是一种行业自律性行为，是教育质量保障体系的重要组成部分。开展中外合作办学认证，旨在确保中外合作办学质量和水平达到共同认可的标准，并促进其不断改进工作和提高质量。努力实现三方面功能：一是促进办学者进行自我质量保证；二是为学生及其家长、社会用人单位等提供信息咨询服务；三是协助政府进行宏观管理。

第四条 中外合作办学认证活动坚持科学、客观、公正的原则，维护中外合作办学者的合法权益，承认和尊重办学活动的自主性和多样性，为提高中外合作办学质量服务，保证认证结果的社会公信力。

第五条 本协会在政府教育行政部门的认可和支持下，争取中外合作和社会各方面的理解和信任，自主开展中外合作办学机构或项目的认证活动结果向社会公证，以提高被认证单位的社会知名度和信誉，并作为行政和宏观管理的参考依据。

第六条 本办法所称中外合作办学机构是指外国教育机构同中国教育机构（亦称中外合作办学者），在中国境内合作举办以中国公民为主要招生对象的教育机构；中外合作办学项目是指中外合作办学者以不单独设立教育机构的方式，在学科、专业、课程等方面，合作开展的以中国公民为主要招生对象的教育教学活动。

第二章　申请认证

第七条　在政府教育行政部门指导下，设立中外合作办学认证委员会（以下简称"认证委员会"）。认证委员会为非常设机构，由本协会常务理事和中外合作办学单位会员推荐，一般有中外合作办学单位的代表、教育评估专家、教育行政官员等几方面人员 9~15 人共同组成。认证委员会确定后，报上级主管部门批准或备案。

第八条　认证委员会的主要职责是：

1. 规划中外合作办学认证活动；

2. 审定中外合作办学认证的政策和标准；

3. 听取或审查认证秘书组的工作报告；

4. 审议认证专家组的认证建议，决定认证结果；

5. 就中外合作办学的认证活动和管理工作向有关部门提供咨询与建议。

第九条　认证委员会的秘书组（以下简称"认证秘书组"）为常设办事机构，其主要职责是：

1. 组织起草中外合作办学认证标准、认证指南及相关工作文件；

2. 受理中外合作办学者的认证申请；

3. 建立认证专家库，根据每次认证工作的需要组建认证专家组，并组织认证培训活动；

4. 具体安排中外合作办学的认证活动，根据初访、自评、材料审核和现场考察等方面的信息，形成综合认证报告；

5. 整理和保存认证活动的档案资料，搜集中外合作办学的状态数据，向社会公布有关认证结果；

6. 履行认证委员会赋予的其他职责。

第十条　认证专家库的建设。从中外长期从事各类教育工作的学术专家、管理专家、评估专家以及社会行业和相关领域的专家中遴选认证专家，并创造条件逐步增加外籍（包括境外）专家的比例。所选专家必须是学术造诣深、同行声望高、实践经验丰富、作风正派和身体健康者。

第十一条　认证专家组是临时性认证组织，根据每次认证工作的需要，从专家库相关教育领域专家中随机筛选，由认证委员会聘请。

第十二条　认证专家或专家组主要职责是：

1. 接受认证委员会的派遣，初访申请认证的中外合作办学机构或项目，指导他们做好认证准备工作；

2. 对中外合作办学者的申报材料进行审核，评审中外合作办学机构或项目的自评报告，并根据认证工作的需要进行访问，向认证秘书组提交材料审核报告和自评评审报告；

3. 对接受认证的中外合作机构或项目进行现场考察，向认证秘书组提交现场考察报告；

4. 根据认证委员会的决定，对被认证的中外合作机构或项目进行复审或非常规考察；

5. 履行认证委员会赋予的其他职责。

第三章　申请认证

第十三条　具备下列条件的中外合作机构或项目，均可以自愿申报认证：

1. 经地方政府和国家审批部门批准正式设立，并具有二年以上办学经历；

2. 遵守《中华人民共和国中外合作办学条例》及《中华人民共和国中外合作办学条例实施办法》，按照章程或协议从事办学活动；

3. 接受认证标准，并在认证过程中能履行相应义务和职责。

第十四条　中外合作办学者可向认证秘书组进行认证业务咨询，有意接受认证者可向认证秘书组提交申请表。

第十五条　认证秘书组接到申请后，审查申请者的资格和条件，并对其进行必要的考察与访问，在5个工作日内作出是否接受认证申请的答复，双方签订认证协议。

第十六条　签订认证协议后，认证秘书组提供认证指南和操作手册，委派专人联络申请者，并对认证申请者的准备工作和自我评估进行业务指导。

第四章　认证程序

第十七条　对中外合作办学的认证，一般要经历初访、自评、材料审核、现场考察、认证决定、后续复审等程序。

第十八条　认证协议生效后，认证秘书组安排2~3名认证专家，对接受认证的单位（办学机构或项目）进行初访。初访的主要任务是：

1. 帮助被认证单位明确认证的目的和准则，向全体成员宣传和解释公认的认证标准；

2. 根据被认证单位的办学宗旨和目标及现实条件，共同商定具体的、个性化的认证标准；

3. 介绍认证的程序和方法，解释认证指南和操作手册，并提供相关的认证资料，帮助做好认证的各种准备工作；

4. 指导被认证单位认真做好自评工作，并客观地撰写自评报告；

5. 与被认证单位商定接受认证专家组现场考察的有关事宜；

6. 撰写初访报告，主要包括三个部分：一是接受认证单位的基本情况，二是该单位的自评和接受现场考察的准备情况，三是对该单位的评价及后续认证活动的建议。

第十九条 中外合作办学认证的自评过程，一般有以下几个环节：

1. 学习和理解认证标准，了解认证的过程和方法，学会使用认证手册；

2. 根据办学宗旨和目标及具体的认证标准，审查现有的文件、运作体系和实际操作；

3. 客观评价现实的工作绩效，广泛听取全体成员的意见，对存在的问题提出改进建议；

4. 实事求是撰写自评报告，并公布于众，接受所有教职员工的监督。

自评报告中应着重表明：①办学优势和特色；②存在的问题和不足；③改进的计划和措施。

5. 向认证秘书组提交申报材料和自评报告。

第二十条 针对中外合作办学机构或项目提交的申报材料和自评报告，认证秘书组聘请专家进行审核、评议，主要任务是：

1. 审查申请者是否符合申报资格和接受认证的条件；

2. 审阅申报材料中文本的规范性、数据的真实性和材料的有效性；

3. 对照认证标准，审阅自评报告，记录需要进一步核查和实地考察的问题；

4. 撰写申报材料和自评报告的审阅报告。主要内容包括：①申报材料的完备性和规范性情况；②审阅自评报告后的突出印象；③申报材料和自评报告中需要核查的数据、事实和存在的主要问题；④对后续认证环节或现场考察的建议。

第二十一条 在对申报材料和自评报告审核后，根据约定的时间，认证秘书组组织认证专家组，对被认证单位进行现场考察（考察时间长短视具体工作量而定）。现场考察专家组一般由 7~11 人组成，其中包括学术专家、评估专家、管理专家及用人单位的代表，必要时还可聘请外籍专家。

第二十二条 认证现场考察专家组设正、副组长和学术秘书各 1 名，在组长领导下开展工作，主要任务是：

1. 核实申报材料和自评报告中的有关数据、文件、档案、账册和其他证据；

2. 采取听取汇报、查阅资料、实地参观、随堂听课、个别谈话、组织座谈等多种方法，广泛收集有效信息和听取不同意见；

3. 专家组内进行信息交流、意见交换和充分讨论，对照认证标准作出独立的评判；

4. 撰写对被认证单位的现场考察报告，内容包括：①被认证单位的基本情况和现场考察活动概况；②对照认证标准的各个部分，以事实为依据进行描述；③指出存在的主要问题和不足，并提出改进建议；④对被认证单位的申报材料和自评报告作出评价；⑤对被认证单位进行总体评价，并提出评判结果的建议。

5. 对被认证单位的现场考察报告在向认证秘书组提交之前，应交给被认证单位负责人审阅，以便对报告中的有关事实进行印证。

第二十三条 认证现场考察专家组工作期间，被认证单位应根据考察工作需要和日程安排，积极做好配合工作，提供必要的工作条件，并承担相应的费用。

第二十四条 认证委员会集体审议认证秘书组提交的综合认证报告，对认证结果进行评判，必要时可独立进行表决。认证结果的评判可分为四种：

一是通过认证。

二是有条件通过认证。是指原则上通过认证，但要求被认证单位在指定的期限内，对存在的问题制订改进计划，并报告整改结果。

三是延期认证。是指被认证单位存在一时难以改正的问题，待问题整改后，请求认证秘书组重新组织专家现场考察，直至认证专家组的认证报告被认证委员会表决通过为止。

四是否决认证。是指认证委员会对认证结果表决不通过。如果该单位今后再次提出认证申请，则需要按照认证全过程重新进行认证。

第二十五条 后续复查分为两种：

一是对"有条件通过认证"和"延期认证"的单位而言，在正式接到认证评判结果之后的一年内，应该对综合认证报告中提出的改进意见，做出积极的回应和采取整改措施，并做好认证专家组的再次回访或现场考察的准备工作。

二是对已经"通过认证"的单位而言，也要根据综合认证报告中提出的改进意见，采取积极的整改措施并及时反馈。同时，还应做好认证委员会组织的周期性或随机性复查准备工作。

第五章　认证结果处理

第二十六条　本协会在认证委员会得出评判结果后，5 个工作日之内通知被认证单位。评判结果如果是有条件通过或延期通过，应向被认证单位提出明确的要求；评判结果如果是终止认证，则应向被认证单位解释没有通过的原因。

第二十七条　如果被认证单位对评判结果有异议，可以在 5 个工作日内向认证委员会提出复核要求。如果被认证单位对评判结果无异议，本协会将在适当范围内公布其自评报告和综合认证报告，并将暂定的评判结果向社会公示 15 天，无争议后再正式确定认证结果。

第二十八条　本协会有权向政府主管部门提交综合认证报告，在大众媒体上发布通过认证的中外合作办学机构或项目的名单，并授予认证证书和认证标志。

第二十九条　认证结果的有效期为三年，如果已获证的单位在每年组织的周期性或随机性复查中，发现教学质量等方面存在严重问题，经认证委员会研究决定可以提前中止其认证资格。一旦认证资格被中止或认证有效期期满，本协会有权收回认证证书和认证标志等有关文件。同时，获证方必须立即停止涉及认证内容的各种招生广告和宣传展示等活动。

第六章　工作规范

第三十条　对中外合作办学机构或项目进行认证，应严格按照认证程序和办法，尊重被认证单位的办学宗旨和目标，对照认证标准，进行全面、客观、公正的评估，确保认证结果的可信度和权威性。

第三十一条　认证专家要通过多种方法收集有效信息，奉行求实、诚信、中立的立场。认证专家组内应发扬民主作风，广泛交流信息、交换意见、充分评议。在认证过程中本着同行互助的精神，对被认证单位进行学术指导和进言献策。

第三十二条　中外合作办学认证实行回避制度，认证专家和工作人员与被认证单位有亲密关系时，不得参加对该单位的所有认证活动。

第七章 认证费用

第三十三条 本协会开展的认证活动，不以营利为目的，认证费用由申请认证的中外合作办学者承担。认证费用包括认证申请、自评指导、材料评审、现场考察等项目的收费，以及必要的专家（含外籍专家）交通费、食宿费和翻译费。

第三十四条 收费项目和标准参照国际教育认证惯例，结合开展认证活动的实际开支，由双方在认证协议中共同商定。

第八章 附则

第三十五条 本协会以认证的方式吸纳中外合作办学机构或项目为单位会员，凡通过认证的单位即享有会员的权利和义务，参与行业自律性管理，共同维护中外合作办学的市场秩序和质量标准。

第三十六条 认证委员会主动协调中外合作办学认证与国家相关评估及认证活动之间的关系，积极开展与国外认证机构和国际相关组织之间的合作。

第三十七条 认证秘书组在本办法的基础上汇编有关的法律法规文件，制定相配套的认证指南和操作手册等。

第三十八条 本办法由本协会负责解释，自发布之日起试行。